孫劍秋 著

易理新研

臺灣學生書局印行

自序

從民國七十七年開始在東吳大學中文系教授周易課程，於今已有十二年。

猶記得剛進大學時，陳素素老師在課堂上介紹我們看《易經繫辭下第二章》（即古者庖犧氏章），又推薦我們到圖書館翻閱周鼎珩先生的《周易講話》，由此才引發對易經的興趣。七十四年易經學會舉辦全國性的易經論文徵文比賽，當時還唸大四的我，抱著姑且一試的心理，將剛完成的讀書心得：〈易經中的體用哲學〉寄出去，竟然僥倖得獎。第二年考進政大中文所，在呂凱老師的指導下，對易經的認識又更進一層。同年易經學會再舉辦徵文比賽，參與這次比賽的作品是〈周易王弼注中的思想〉，結果得到第三名。於是更堅定我向易經領域作深入探討的信心。七十七年進入政大博士班就讀，同時在林炯陽老師的栽培下，開始在東吳大學講授周易課程（書後附錄一，即當時授課之大綱）。不久太平洋日報創刊，邀請我在副刊上介紹周易原理，並回答讀者提出的問題，每星期刊出一次，前後約半年之久，所以也累積不少通俗性的論述。七十九年中研院文哲所召開第一屆研究生學術研討會，當時便把教學以來的研究心得：〈焦循假借說易方式之商榷〉（原發表時名為焦循假借說易考，後經林慶彰老師指正，遂改今名。）提出發表。這是一篇結合小學與易學領域的文章，在發表過的作品中，是較感到滿意的一篇。一年後，系所的發展方向與定位，有大幅度改變。此時正研讀宋末元初許衡的〈讀易私言〉，覺得心境上與他有許多相似之處，於是就把許衡處易代之際的智慧與行事來作為自己的言行準則，也寫下〈從讀易私言看許衡的處世之道〉一文，以吐露心跡。八十二年元月獲得政大中文所博士學位，七月入伍服役二年。在軍中接觸上至中將，下至二兵的許多人與事，間接也使我對易卦「爻位」的體會更深一層。八十六年初以來陸續接到一些學校，社會團體邀請，或作學術論文的講評、或作專題式的演講，心中也一直希望將發表過的作品集結成書。正好東吳中文系日間部的周易課程，因胡自逢老師的請辭，又再度由我任教，於是便委由學生書局將本書出版，以為上課之用。今年開始在國立臺北師範學院教授易經，故又增加五篇文章，重新增訂出版。

其次，本文要對有心易學研究的同學提出忠告：學術研究要重視事實與證據，而不是比趨勢或主流。東晉梅賾偽造《古文尚書》，後人不察，一直以此為主流做研究，時至今日已證明為偽，於是這一千多年來相關學者的研究成果，便付諸流水。《左傳》一書剛被劉歆提出來時，就被漢代博士判定思想與聖人不合，但後代學者卻極力找尋《左傳》合經的證據，甚且還成為主流。而中研院院士陳槃先生作《左氏春秋義例辨》引用大量甲骨、金文、古籍史料，證明《左傳》與《春秋》根本無關，但現今卻仍多遵古說、循舊法的學者。易經研究又何嘗不然，《周易卦爻辭》的著成年代在周武王時期，〈十翼〉的完成則在戰國初至西漢初。二者時間相差至少八百年，如何可混為一談，把〈十翼〉思想硬加在卦爻辭上呢？又從倫理學發展的角度來說，人文思想愈成熟、象數災異之學便愈沒落。兩漢以降的象數圖書之學，經過歷史的抉擇，也陸續被淘汰，轉而走向人文思想濃郁的義理之學（詳見中研院院士屈萬里先生《先秦漢魏易例述評》）。這在學術發展上是非常大的進步，但是現今的易學論述，仍不乏肯定互體、卦變、八宮、世應等，近乎江湖術士的說詞。殊不知象數圖書之學愈盛，則人的自主性便愈低，這對人類文明的貢獻是進還是退呢？所以古人說讀書要先立乎其大，確實是很有道理的。

最後要再次感謝，在易學研究路上給我許多建議與幫助的林炯陽老師、呂凱老師、簡博賢老師、林益勝老師、黃沛榮老師，以及我第一位指導的碩士生郭世清教官。（畢業論文：《易經哲學的現代意義—以對軍事倫理啟發價值為例》）他的熱情細心，讓我在從事教學相長工作時，得益豐碩；他的積極努力，讓我深覺後生可敬可佩。在如此多師友的督善扶持下，期許能盡我所能，與志同道合的朋友，共為培育易學人才而努力。

易理新研 目次

易經概論

人的一生，由於感到精神上的茫然，生活上的無定，常會對個人的生存價值產生懷疑，而對未來更是有著莫名的恐懼。因此，構想未來、推斷未來，以滿足洞燭機先的心理，便如是而產生了。於是上至專家學者，下至市井小民，每人有每人的一套理念，有自己的推斷方法。再經過系統化、條理化後，占卜的內容與推算的方式，也就日新月異，花樣百出。今日所見的各種占卜法，也就是這樣完成的。

《易經》，向來為國人所重視。傳統讀書人認為它是我國學術的源頭，道家則認為它是煉丹養生的憑據、醫家拿它來說明醫理、天文家也用它來闡明星象，當然命理學家也不例外的借用它來推演吉凶災異。

不容諱言，《易經》的確具有占卜的特性與功能。在上古時代，人們遇到重大的事情，或不可解決的困擾，便會想到利用占卜來解決問題。例如：《尚書》記載盤庚遷殷後，百姓不喜歡當地的環境，多有怨言。盤庚不得已求助於占卜，結果顯示大吉利，而百姓也隨之安定下來。又如周武王克商後二年得了一場重病，周公虔誠禱告後，啟用占卜來審辨吉凶，結果顯示無恙，果然武王不久就痊癒了。諸如此類的實例，在古書中經常可見。所以《易經》的確具有實用功能。以下介紹它的基本概念。

一、自然界的象徵符號

古代聖人觀察自然現象，發現宇宙間一切事物，都具有陰陽兩性（祇有乾、坤是獨具陽性陰性，其餘都有陰陽相混）。於是便想到用陰陽來統攝萬物，並賦予陰以「⚋」的符號，陽以「⚊」的符號。「⚋」「⚊」便是所謂的陰爻與陽爻。光有這兩個符號，祇能說明萬物的共性，還不能明確表現萬物的特性，於是古聖人又將這兩個符號作技術上的排列組合。所謂技術便是聖人發現四不能代表一個小團體，而八、六十四則可完整說明一個物象或概念的象徵內容。如八卦恰可代表天地間的自然現象，六十四卦恰可代表人事上的一個循環等。因此易卦便以八為基本卦數，以六十四為配合卦數。八卦是：乾☰、兌☱、離☲、震☳、巽☴、坎☵、艮☶、坤☷。

八卦中的任意兩卦，交互配合，是六十四卦。位於上面的卦稱為上卦（又稱外卦），位於下面的稱為下卦（又稱內卦）。舉例來說，泰卦䷊的上卦為坤☷，下卦為乾☰。

二、畫卦的方法

爻是構成卦的基本要素，所有六十四卦中的任意一卦，都是由六個爻所組合而成。而它的組合方式及稱法是必須由下面往上數，最下面的爻稱初爻，其次為二爻、三爻、四爻、五爻、上爻。爻因分陰陽，所以又以六來代表陰數，九來代表陽數。換句話說，如果第一爻是陰爻，我們稱它為初六（陽爻稱初九），依次為六二（九二）、六三（九三）、六四（九四）、六五（九五）、上六（上九）。舉例來說，既濟卦䷾的第三爻是陽爻，稱九三，第四爻是陰爻，稱六四。

三、八卦的原始卦意

古人解釋「卦」字為「懸掛物象以示於人」。由此可知八卦有它特具的象。而這象也是我們將來解卦時，所須引以為憑據的。以下我們將八卦的特性作一介紹，以助於我們了解卦象。

乾卦☰：在這三爻中，全是陽爻，因此陽剛的本質便可完全顯現出來，當然這本質是有著好壞二方面。其卦象就自然現象上說是天，就數目上說是一，就動物上說是陽剛健動不已，就像是馬，在人身上代表首（頭）、在人倫上代表父、在官祿上代表君、在五行上代表金、季節上代表秋天、卦德的顯示上是剛健不息。

兌卦☱：本卦包含一個陰爻、二個陽爻。依據易卦原則，三畫中有一個或三個陽爻的稱為陽卦。有一個或三個陰爻的稱為陰卦。所以兌卦是陰卦。拿人作比方，就像是一個懦弱無能的人（第三爻為陰），居於二個有能力的人上方。可見得這處境必須要在上位者和顏悅色以撫慰下屬。由此，我們可知它的卦象有：數目為二、現象為澤、動物為羊、人倫為少女、人身為口、五行為金、季節為秋、卦德是和顏悅色。

離卦☲：本卦有一個陰爻、二個陽爻，因此也是屬於陰卦。屬陰卦，當然是以陰爻為主體來加以說明。同樣以人來作比方：本卦表現是一個柔弱的人，處在二個剛強的人中間，可以想見，他必須要內心光明正大，行為端莊中正，且不隨便傾向任何一方，如此才能履險如夷，不會遭忌。所以本卦卦象是：數目為三、現象為火、動物為雉、人身為目、人倫為中女、五行為火、季節為夏、卦德為附麗（附著、附合）。

震卦☳：本卦有一陽爻、二陰爻，所以是陽卦，以陽爻為主體來論。以人來比方，就是一個陽剛的人，處於二個陰柔人的下方，換句話說是一位有能力、有作為的人，受到二位懦弱無能的人欺壓。如此，有能力的人必定不滿而予以反抗，或要求變革。因而表現在外便有變動、變革、動盪的態勢。所以本卦卦象是：數目為四、現象為雷、動物為龍、人身為足、人倫為長男、五行為木、季節為春、卦德為振動。

巽卦☴：本卦有一個陰爻、二個陽爻，所以是陰卦，以陰爻為討論的主體。以人作比方，就如同一個陰柔的人處在兩個陽剛者的壓迫下。由於陰柔的人，本身便是能力不足，不能有所作為，因此他是無法反抗，甚至根本沒有反抗的念頭，一切都是逆來順受。故知它的卦象是：數目為五、現象為風、動物為雞、人身為股（臀部）、人倫為長女、五行為木、季節為春、卦德為潛伏（並非真正柔順、只是隱忍不發作）。

坎卦☵：本卦有一個陽爻、二個陰爻，因此是陽卦，以陽爻為主體。以人作比就像是位陽剛正直的君子為二位陰險狡猾的人所包圍。表現出來便是陷溺在困難之中。不過從另一角度來看，這樣的人，因為環境關係，逐漸便能深思遠慮，養成智慧。本卦卦象是：數目為六、現象為水、動物為豬、人身為耳、人倫為中男、五行為水、季節為冬、卦德為險陷。

艮卦☶：本卦有一陽爻、兩陰爻，所以也是陽卦，須以陽爻為主。以人作比喻，便是一個有能力的人，處在兩個能力差的人的上面。有能者居高位，無能者居下位，這是合理的現象，自然呈現著風平浪靜、相安無事的局面。因而本卦卦象有：數目為七、現象為山、動物為狗、人身為手、人倫為少男、五行為土、季節為四季之交（季與季轉換之時）、卦德為靜止。

坤卦☷：本卦三爻皆陰，是為陰卦。在此卦中，陰柔的本質，可以盡情發揮，不論優缺點都能表露無遺，故而它的卦象有：數目為八、現象為地、動物為牛、人身為腹、人倫為母、五行為土、季節為四季之交、卦德為柔順。

四、解卦實例

《易經、繫辭》下第二章，提供了一些解卦的實例，雖然它著重在說明人類文明的進化，不過在幫助我們了解解卦的方式上，仍是有其價值的。

離卦☲☲這個卦上下三爻都是離，它的卦爻形狀像是漁網、獸網，因為網線（綱、目）之間正是中空的。而前面提到離卦的德性是附著，更是符合魚網捕魚，獸網捕獸的道理。

益卦☴☳這個卦上三爻是巽，下三爻是震。巽、震都有木頭的象，震卦有動的象，結合起來便是木頭向下動，象徵在人事上，便是耕土種田，所以繫辭上說此卦有「耒耨之利」。

噬嗑卦☲☳這個卦的上三爻是離，下三爻是震。前面提到自然現象中，離為火，代表光明、日光；震卦在德性上有運動不息的屬性，就像是商人們搬有運無、百姓忙著交易的樣子，所以古聖人在繫辭傳中便說此卦有「日中為市」的現象，換成現在口語便是在白天作生意買賣。

渙卦☴☵這個卦上三爻是巽，下三爻為坎。巽在自然現象上是風，在五行上是木；坎在自然現象上是水。把上下的卦象組合起來，便是在水面上浮著一塊木頭，而當時又正吹著風，這很明顯就是藉風乘船出海的表示，所以繫辭上便說此卦有「舟楫之利」。

從以上四例，我們可以知道，古代解釋易經的方式並不複雜，相反的都有其規律可循。當我們占出一個卦後，便針對那個卦，以及我們所要問的事，去尋求卦象，就可以得到滿意的解答。後代許多研究的學者標新立異，另創新說（如互體、卦變、半象等），卻都是不符合聖人原意的。

五、占卜術是否可信

人都有趨吉避凶的心理。當遇到一件棘手的事情，心中疑慮，不能解決時，往往會想到求助於冥冥的鬼神，而占卜術就假借鬼神的旨意，應運而生了。

但占卜術到底可不可信呢？

這是一個挺有趣的問題，也是一個無法提出數據，讓正反雙方都信服的問題。在此，本文提供一些史書上有關占卜的實例，提供各位參考，至於是否可信，還是留給各位同學自己下判斷。

在傳統儒家的觀念裡，卜筮是在萬不得已的情況下，才使用的。《尚書洪範篇》說：

「考量一件事情，要從自己內心先思索起；若有不妥處，便要和大臣們共同商討；如果還有爭議，就必須徵詢百姓們的意見。等到人的智慧都不能解決時，才使用占卜。」在這裡，古聖人教導我們，只有在連人的智慧都束手無策時，才聽天由命、問於鬼神。

於是，我們不禁會問，什麼是人類智慧所不能及的呢？宇宙的萬象、天人的關係、未來的預測等等都是。那麼，我們再問，人類一定要了解那玄妙不可知的變化嗎？沒有它是否不能生存？相信各位都知道，答案是否定的，因為人類最早的祖先，在什麼都不知道的情況下，便能靠自己的「智慧」過活，不是嗎？

反過來說：什麼是人類智慧可以發揮功能的呢？答案也很簡單，就是「人事」。人的事情當然可以用人的智慧來解決。又何必要靠所謂的「天意」（機率）。

春秋時代，魯國有位大夫叫石駘仲，還來不及立嫡子（繼承人），就不幸去世了。當時他有六個孩子，魯國的名占卜家預測說：「國君召開立嗣大會時，如果有人先梳洗一番，穿著整齊朝服，再戴上玉佩的，便是嫡子。」其中五個兒子聽到傳聞都照著去做，只有石祁子不以為然。他說：「父親去世，哀傷都來不及，那有心情去梳洗打扮呢！更何況居親喪的禮節，本來就規定不能梳洗打扮的！」後來，盡孝知禮的石祁子被選為嫡子。

古代有一位著名的占卜家叫嚴君平。他幫人占卜，從不失誤。一天有人當面問他，為什麼你的占卜從不失誤呢？他說：「易經有六十四卦，請人卜卦時，六十四卦都可能出現，又怎麼會不出錯呢？不過我有個訣竅，就是遇到為人子的來問，便告訴他孝順的道理；為人子弟的來問，便告訴他謙遜的道理；其他人來問，也是同樣的回答方式，這就是我從不失誤的原因啊！」

史書上，另外也記載一則易經的卦爻和文辭相矛盾故事。有一位姓李的占卜家，和姓趙的易經學家是好朋友，兩人也經常為占卜的事情在辯論。某天兩人又為著占卜的方式以及準確性在爭執時，正好有個人面色沉重的走進來，說他的父親病了許久，都不見起色，希望兩位能替他占個卦，斷個吉凶。當時占到的是坤上乾下的泰卦☷☰。姓李的占卜家說：「泰，就是否極泰來，恭喜你，可以回去慶祝了。」那個人聽了以後，很高興的回去了。這時姓趙的經學家很擔心的說：「卦象顯示的，恐怕是死亡，而不是否極泰來。」李先生說：「我是依卦辭來做推論，絕對不會錯。」不料，三天後，那人的父親便去世了。這時李先生便謙虛的請教趙先生，何以卦象顯示死亡？趙先生說：「那個人問的是父親，而占到的下卦是乾卦，正代表父親；占的上卦是坤，坤的卦象是土地。結合上下卦來看，父親在地底下，不正意味著死亡嗎？」李先生從此才甘拜下風，虛心向趙先生學習。

王通文中子說：「北山有位黃先生醫術相當高明，而他幫人看病，都是請病人先吃得飽、睡得好，如果沒有起色，才下藥給他；汾陰有位侯先生占卜非常靈驗，而解釋卦象則是先告以人事，才言及其他。」

古聖人使用占卜術，是用它來引導人做善事；後代的占卜家，卻是利用它來説明牌、搞數字。相信各位同學細看本文後，也能夠適切拿捏面對占卜術的心態了！

（本文曾於太平洋日報上連載）

《易經》中的體用哲學

壹、「易學」到底是怎樣的一部書

近代仍有少數知名學者發表意見，認為《易經》僅屬卜筮一類的書，《卦爻辭》也只是為卜筮者斷吉凶而設，說穿了就是迷信的玩意兒，談不上有什麼學術價值。然而也有許多有識之士，對這種說法不以為然！他們認為《易經》雖是卜筮之書，卻也對中國歷代文化負起過社會建設、倫理建設、政治建設、經濟建設等艱辛任務。吳康《周易大綱》云：「易為中國最古之哲學書，始以卜筮傳，逮十翼諸辭，先後間作，探賾索隱，鉤深致遠。凡宇宙自然之理，人物事變之情，曼衍恢弘，涵苞無外，遂使皇古卜筮之書，轉為幽思經緯之作；於象數之中，窮義理之致。而易為中土最古哲學經籍……洋洋乎宰制萬物之義，具存斯文矣！」可見易經確是中國學術之源，也是六經之機樞所在。

易經是儒家後學累增而成的經典，其創始最早，但成書卻最晚，但也因此，故能兼容各經，並蓄諸子，而擔負著中國學術承先啟後的責任。蓋諸經無易，則不能彌綸萬化，與天地相始終；諸子無易，則不能盡其宏博，廣被後人。故《漢書藝文志》之論天下學術，先群經後及諸子，而群經之述，又多以「易」之文開頭❶。所以屈萬里先生在《古籍導讀》一書中說：「漢人謂周易為六經之原，故自來學子，必讀此書。」《易經》涵蘊之大可再由幾處看出端倪：如《漢書藝文志》列十三家，達二九四篇，《四庫全書》之經部著錄，凡一七七三部，二〇四二七卷，其中惟《易經》最多，蓋易義無所不包，又本屬卜筮之書，故一切術數皆可依託，舉凡義理、訓詁、象數、卜筮、文化歷史背景等，無不歸依於易！所以周鼎衍《周易講話》自序云：「夫易之為易，通幽明，知生死，彌綸天地之道，曲成萬物而不遺，析而言之：寒來暑往，四時成序，有關於天體運行者易也；安貞厚載，品物咸亨，有關於地勢含弘者易也；雲行雨施，雷風相薄，有關於氣象變遷者易也；天地絪蘊，男女構精，有關於萬物化生者易也；開物成務，製器尚象，有關於人文經綸者易也；消息盈虛，反復其道，有關於盛衰嬗遞者易也；精氣為物，游魂為變，有關於鬼神情狀者易也；參伍錯綜，觀其會通，有關於吉凶幾微者易也。旁及奇正短長，文韜武略，由於易之發揮者也；陰陽五行，醫藥術數，由於易之啟迪者也；丹鼎黃白，太乙奇門，歷來所傳之方技，無一而不淵源於易也。」可見《易經》確是中國哲學、文學、史學、科學等，各方面材料的來源，今日我們來探討《易經》中的體用哲學，不是也很恰當嗎？

貳、《易經》中的哲學觀

《易經》既為六藝之源，則必有其精深之內涵。今略舉如下：

一、因時制宜的乘變哲學觀

《易緯乾鑿度》云：「易一名而含三義：所謂易也，變易也，不易也。」易學尚變，而講的卻是變動不居的道。就內容而言：它有靈活變通的象，也有一套微妙莫測的筮術，而它的全體大用，則在於教人乘易道之變以行事，教人變而不失其正。〈彖傳〉便屢言「時」，如：「頤之時大矣哉」「大過之時大矣哉」「解之時大矣哉」「革之時大矣哉」。又言「時義」：如「豫之時義大矣哉」，「隨之時義大矣哉」「遯之時義大矣哉」「姤之時義大矣哉」又言「時用」如：「險之時用大矣哉」「睽之時用大矣哉」「蹇之時用大矣哉」。儒家思想中「時」的重要性可見一斑。又「時」之義是要求宜，而宜便是無過不及的中道。〈彖〉、〈象〉中言「中」的地方也很多，如〈彖傳〉用：「以剛中也」「剛中而應」「柔得中而上行」「往得中也」，〈象傳〉用：「得中道也」「以中也」「中有慶也」「居位中也」…，來解釋並發揮中道思想，以達中華文化的極致[2]。我們再就歷史的演變上來看：易學似有無窮巧妙的應世法門，歷史潮流的演變，無法淘汰掉它；它又像現身說法，為它的尚變學說作榜樣。我們綜觀易的發展，凡有三變：最初是以純卦象符號出現，後來一變而筮術占斷，再後來又變為文字義理。這種演變並不突兀，也非勉強，而是順從自然，因應歷史而作的調適。那麼中華民族思想歷程，又是如何促使易學作轉變呢？

自伏羲到孔子，我民族的思想演變，約可分為三大階段：即天道思想、神道思想與人文思想。伏羲生當遠古畜牧時代之初，當時人們的思想意識，是以天道自然為主；風雨雷霆之災，日月星辰之象，與夫天地之玄遠廣厚，山川之神秘深藏，是主要的思想內容。因為這一切直接關係著人們的生存，也因而八卦的初象是天、地、雷、風、水、火、山、澤、八種自然現象。所以易學的第一付面貌——八卦所代表的，是歷史演進中，天道思想的一階段。下降到了殷商之際，時代已進入神道思想階段，此時人們的意識活動是以天神、地祇、人鬼為重心。聽命於鬼神的思想，籠罩著當時的社會，因此易學也換了一付筮術占斷的面孔，擔負起顯示吉凶悔吝的工作。文化思潮再演進東周以後，人智大興，此時社會組織、國家制度、人事關係、文化意識等各方面，皆呈現出以理智思考處理事情，而不再聽命於不可知的鬼神，人的地位在意識活動中，逐漸取代鬼神之位，於是人道思想時期來臨。應時而生的聖者孔子，乃排除第二階段的筮術占斷，以文字闡述易道，而易學也因此時之變而順應乘勢，三易其貌，向先秦諸子傳播哲理，並促成了中國文化史上的學術黃金時代。可見易學之變是與文化歷史的演進相一致的，祇是它貌變而質如一，變而不失其宗。

易學之所以有此等乘潮流而變更其貌的特色，當然是由於易道廣大的緣故。它涵攝宇宙間萬事萬物之理，因之可以在任何時候，藉任何事物，以任何面目出現。故曰，易學的本身便有其濃厚的文化歷史性，一部《周易》毋寧說是中國文化演進史的縮影。

時轉世移而易學不衰，這真是易學的最大特色。

二、質樸尚用的價值哲學觀

易道雖博大精微，難以言詮，然就其實質意義而論，它是不離「人」而存在的。卦象雖是幾筆橫畫，但描繪的卻是眼前事物之理，決無憑虛畫空之弊，例如八卦取象於天、地、雷、風、水、火、山、澤等八個自然現象，均有其合理之依據[3]。八卦後來所衍生的象：或從卦性上（乾剛坤柔），或就動物而言（馬龍蛇羊），或就人體而言（頭眼手足），或就倫理而言（父母子女）。以及〈說卦傳〉最後一章許許多多繁衍的象，無不切合於實際，切合於我們自身。再者，筮術看似迷信，然筮術占斷，乃以易道為據，吉凶悔吝均為事理之常，〈卦爻辭〉更無一句非依理而判，是以後世聖哲才會據〈卦爻辭〉來闡發人生義理而不絕。因為易學之全體大用，正是指向實際社會人生，而非空中樓閣式的理論。〈繫辭傳〉言：「仰則觀象於天，俯則觀法於地，觀鳥獸之文與地之宜，近取諸身，遠取諸物，於是始畫八卦，以通神明之德，以類萬物之情。」由此段話，我們也可了解，先哲之始畫卦，不是徒坐空想，漫天馳思而來，而是由仰觀、俯察、遠取、近取，再歸納而得出的萬物之「共相」。因此，所謂卦象，乃象其「共相」罷了！後世聖哲再依卦象所呈現之「共相」，而加以演繹，以成今日易學全貌。

再就其思想理路來看：《周易》哲學的源頭，起於乾元，由乾元始動，下落乾坤之往復，再進而萬物之化生，然後歸趨於人。整個思想的發展方向，無不朝著現實人生，這便是易學的精神所在。而〈彖傳〉、〈象傳〉，〈文言〉之處處以人事上法天道，更是充分表現出易學是一門實用的哲學，是為了服務現實人生而存在的！

綜而言之，易學是善世的哲學，它祇是從天道人心的共同感應上立論，從人人可想到的道理上與見到的現象上，告訴人應該如此，應該如彼，平實而切近。似此言切而旨深，辭淺而意遠的內涵，正是易學的特色之一呢！

三、生生不息的力行哲學觀

易學之另一個重要特色，是對「生」的讚頌。翻閱《周易》一書，明顯的感受，便是一片生命的樂趣溢於字裏行間，決無佛教那種視世界為痛苦的場地，或基督教那種視生命為罪惡的傳遞的感覺。所以我們能肯定地說：易學是確立生之為善，且正視生命之存在，從而讚頌生命意義之哲學。如〈乾卦彖傳〉：「大哉乾元，萬物資始」，〈坤卦彖傳〉：「至哉坤元，萬物資生」。〈繫辭〉：「生生之謂易」「天地之大德曰生」等。可見乾元之始萬物，與坤元之生萬物，為易哲學思想之起點。我們再從幾個方面來看：首先，從卦義上看來：〈泰卦〉，天在下、地在上，天地相交而能生萬物，故名泰；〈否卦〉，天在上、地在下，天地不交故否。又如〈剝卦〉，一陽將盡，生機將失，故名剝；〈復卦〉，一陽來復，生機初現，故名復。

其次，由全體演卦上來看，本經以〈乾〉、〈坤〉居首，以下〈屯〉為物之初生，〈蒙〉為物之漸長，〈需〉為物生長中必需之需求，〈訟〉為在需求中起爭執……最後以〈既濟〉卦作結，表示一個圓滿的結束，再副以〈未濟〉卦，為另一再生的開始埋下種子。這其間表現了一個生命在整個歷程中所遭遇的窮通困達，升降起伏。易學之道便是視生命為可貴，肯定生之為善，於是明白的道出人生的意義，指點人生奮鬥的途徑，論定人生的價值，給人生以鼓舞。

最後，從贊易的內容上看：〈乾卦象傳〉：「天行健，君子以自強不息。」〈坤卦象傳〉：「地勢坤，君子以厚德載物。」〈比卦象傳〉：「地上有水，比，先王以建萬國，親諸侯。」〈泰卦象傳〉：「天地交，泰，后以財成天地之道，輔相天地之宜，以左右民。」〈觀卦象傳〉：「風行地上，觀，先王以省方觀民設教。」〈剝卦象傳〉：「山附於地，剝，上以厚下安宅。」其中或言君子，或言先王，或言后，無非在指明各種人都應該法天地之道。因為作易的聖哲明確知道：人之生是來自天地，人從生命的來源處，即具備了天地之道的因子在心性生命之中，人君依照內心性命之正去行事，也就能與天地之道相合了。〈乾卦文言〉云：「夫大人者，與天地合其德，與日月合其明，與四時合其序，與鬼神合其吉凶，先天而天弗違，後天而奉天時，天且弗違，而況於人乎？而況於鬼神乎？」可見易道中要人法天效地之生生力行哲學觀了。

四、剛柔相濟的循環哲學觀

《易經》上的卦是陽卦多陰，陰卦多陽，如〈復〉為陽卦，祇有上爻一爻為陽，而有五爻是陰；〈姤〉為陰卦，祇有一爻是陰，而有五爻是陽，這道理很容易明了，因為陽主動，表現的性能是剛，所以要用柔來協調，陰主靜，表現的性能是柔，所以要用剛來協調；蓋宇宙萬有現象，能維持存在，而且不斷的發展，無一不是得力於剛柔相濟。我國自古以來便深知其奧義，表現在政治上的如：周公制禮作樂，以禮樂為立國支柱，於是奠定了一禮樂之邦的基礎！何謂禮？禮的本義是在節制人的性情，而節制的手段是屬剛。所以又用樂來補救；樂的本義則是在潛移默化中陶冶人的性情，性屬柔。所以先哲將剛柔相濟的道理演繹出來，以禮樂相輔而建立我不朽之基業。再就卦性而言〈乾卦〉是剛強的，〈坤卦〉是柔弱的，

〈坤卦〉可以破〈乾卦〉，如乾上九爻亢龍有悔，即是；〈乾卦〉亦可以破〈坤卦〉，坤上六爻龍戰於野即是；剛至極盛必受陰折，陰至極盛亦致陽毀，惟有正反二者相互交融，不使達於極剛極柔，方庶幾乎！

五、革故鼎新的進退哲學觀

〈革卦〉的外卦是〈兌〉，〈兌〉的取象為澤，而內卦是〈離〉，〈離〉的取象為火，澤火不相容，其勢已乖，惟有將〈革卦〉第四爻一變，使外卦的〈兌〉變成〈坎〉，坎的取象為水，然後才可以水火既濟，所以革是變革之意，再看〈鼎卦〉，其外卦為〈離〉，取象為火，內卦為〈巽〉，取象為風，風在火下，更助長勢，表示任何物體經過火的燃燒以後，就改變原貌而呈現出新的型態，因此〈鼎〉便有新興之意。〈革卦〉和〈鼎卦〉是相綜的，一體的兩面，革故了就要有所鼎新，鼎新之餘更需革故來作去蕪存菁工作。在這一革一鼎，一進一退之間，便產生了新舊的哲學觀，一般人的新舊，側重於時間，過去的謂之舊，目前的稱為新。然而易經上的新與故，則不只在時間作分野，而是注重在本質上。本質好謂之新，不好稱作故，故就需革，新就要鼎。十翼作者更申明此意。以「治歷天象」解釋〈革卦〉的大象，而在〈彖〉釋說：「天地革而四時成」，足見得革，是必須注意到時，天地的時令是以春革冬，以夏革春，以秋革夏，以冬革秋，到了時候（本質須變換）就革，人事現象，也是如此。革故之後便出現一個新事物，事物之生便是鼎，有鼎有革，有革有鼎，而成為今日的世界。這便是作易者顯示給我們的進退哲學觀。

參、易學之現代意義

一、易學開創科學的源頭

我們都知道，英國學者，李約瑟博士的大作：《中國科學技術史》。其第二卷，〈中國科學思想史〉中，對中國諸子百家的科學思想和著述發明，都有很概略及客觀的評論和讚賞。然而他的文章中卻又認為「孔教為封建官僚主義的正統」，認為「孔教」為反迷信、反宗教而又不研究「物」或者說「非人」的「理性論者」，也認為「儒家」為漠視「自然現象」或科學技術的「人性論者」。首先我們要聲明的，孔孟既不是封建者和被封建者，更不是形式主義者，而是一種主張「人文主義」的以「仁」為中心的民本主義者，是一位與時俱進，日新又新的進步主義者。再者，儒家雖反對迷信，宗教和唯物主義，但卻不反對「物」或科學。以易學為例：儒家為《周易》作〈繫辭傳〉，便兼重易象、易數、易理三者，並對伏羲、神農、黃帝、堯、舜等人的制作發明，推崇備至！更何況易經文字也不乏農、工、商的發展敍述，和食衣住行育樂的改進等。再舉幾個例子來看，儒家是否漠視自然現象和科學技術：〈噬嗑卦〉，離上震下，明而動，有日中為市之象；〈益卦〉，巽上震下，木動而利，有耒耜之象；〈渙卦〉，巽上坎下，巽為木為風，坎為水，木浮水上乘風，有舟楫之象；似此卦內含自然力之應用最為明顯，乃生存進化智慧之高度發明。又如〈小過卦〉，震上艮下，山上有雷，上動下止。而震為木，艮為石，木動於上，石承於下，乃杵臼舂米之象。這是用到物理學上，以動力和靜力結合而成有機體，應用力學上亦每以反作用力為正作用，因此，我們可以說〈小過卦〉之含義，甚且為今日一切機械原動力之所由來呢！再以〈睽卦〉來說：離上兌下，上火下澤，蓋火性炎上，澤性卑下，乃背道而馳。古代弓矢之用便是利用背道而馳之理發生彈力，近代槍砲、以及火箭、飛彈，甚至太空梭之發射、升空，何者又非此原理之運用？

可見，《易經》這一部書經過數位大聖哲的融通後已包括了哲學、科學、兵學、藝術諸內容，的確是一部「至大無所不包，至小無所不容」的書。它所說的道理，有萬世不易，永恒不變的一面；也有生生不息，萬古常新的一面。它的研究價值，正可以古人的一句話「渴飲江河」來形容，所謂「大飲則大盈，小飲則小盈」。更重要的是它有不盡的源頭，沒有枯竭的一天！

二、易學指正哲學的方向

易學之生命哲學是以天地人三才並重而確立萬類平等的學說，它以「天大地大人亦大」的思想方式，來肯定生命的璨爛價值，絕非以無窮的貶抑生命，鄙視生命為滿足，相反的以無盡的發揮生命、窮性踐形以恢宏人本主義，而達到「贊天地之化育，與天地參」的境界。因此，在《周易》之生命哲學，是以極豁達健朗之放曠慧眼，視人生高低起伏為極平常的生成變化，而達中正和平與氣度雍容。蓋時轉世移，人間有盛世，也有衰世。處衰世，固有時代之苦悶，而今日一些病態哲學家，祇看到萬象中病態的荒謬面，未能洞悉荒謬背後的機趣消息，更未能以科學的原理，肯定宇宙生命的積極意義。共產主義便是當今的病態主義。它表面上是理想主義，實際上卻一筆抹殺「人」的價值，而將一切托諸未來，進而造成今日世界的浩劫。易學則不然，在周易的生命哲學中，係以廣大和諧之辯證歷程，行健創造，絕不以衝突矛盾之辯證歷程傾軋鬥爭。它是為了恢宏價值理想，修正道德生活而創進不已，它也是為了以和諧的中正和平的價值理想來激發生命，使社會再生。它以敦厚的人道，來尊重人性發揚仁愛，而非以侮蔑人性，摧殘生命為能事；它是以落實的原則，來關懷眾生，拯救疾苦，而非假借改造美名來犧牲當代眾生，罔視生民疾苦，玩天下於一人之掌！故處於此等危機世間，應以《周易》創進無已，生生不息之生命精神，振奮人道與創造仁德，來皤然點化人民的哀怨與哲學家的病態。以歌頌來取代對世界的咒詛，以讚嘆來取代對生命的作賤摧殘，然後才能使人類之精神文明，飛揚創進，以突破沈迷的世局，重新拓展生機。

三、易學啓迪西學的進化

《易經》對西方學術思想影響很大，近世有不少的西方哲學家和科學家，都承認他們曾研究過《易經》，例如黑格爾便曾說他讀過《易經》，並且還影響了他的正、反、合辯證法。在科學方面，《易經》河圖的統計力學，曾引出了搏朗克的量子方程式；《易經》的方陣，引出拉普拉斯的導引係數和哥斯定理、格里定理、斯篤克定理等向量定律；及普生、布魯斯汀格的電子方程式。在《易經》的超相對論的原理上，又引出麥克斯威的電滋波公式，和愛因斯坦特殊相對論的基本方程式，及波羅吉利的物質波方程式，波耳的量子論公式等[4]。再從今日最熱門的電腦起源來說：現代符號邏輯的鼻祖萊布尼茲（德國哲學家）在西元一六七九年發現了運用「1」與「0」作為計算符號。可是當他看見中國五千年前的《易經》便有了二進位的數字制度時，卻大感驚異。從此引發了他研究中國文化的興趣。特別是《易經》，終於造就了他成為哲學、數學及邏輯系統學家。

前已言及，易學是門注重實用與自然的哲學，其卦序出於自然，命名取於自然，卦象卦理也都取象於自然，尤其進步到新卦序之合於「光合作用」[5]，更是自然主義的基本觀念。

所以後世的研究自然學理及科學、哲學等，都會不其然而然的吻合易學，而成了大易哲學的延續了。

肆、道統哲學的重建

易學是因時乘變的哲學，它能依時代的需要而表現其功能，創新其內涵。這是我們所一直強調的。

就易學的歷史使命而言，伏羲氏之畫八卦，究竟對當時的時代發生了何等影響，礙於年代懸革，古史資料闕如，無法確實知道。到了文王與孔子的兩次變革都是因為當時社會發生了大危機，他們知道易學之廣大精微，故或演之，或贊之，使易學能出而作思想領導，使社會人心轉危為安。

文王之時，紂為天子，拋棄職守，不行正道，遂使天下大亂，盡失綱紀。周文王即為謀求解決此一危機而演易。他藉筮術占斷，假「吉、凶、悔、吝、無咎」以指導人民行事。此類吉凶的依據乃是來自卦象上所顯示的「道」，是屬於人心共通之理；所以文王推行筮術，實際即是發揚大易哲學，期使人民在不知不覺中養成了哲學的信仰，而自然地依正道行事。所以後來聖者——孔子便贊文王說：「聖人以神道設教而天下服矣。」

其次，就易學的文化使命而言，文王以後五百餘年，又遭到另一次時代大改變，這是因為歷史演進到此時，人智已大開，神道思想也已衰微。鬼神的信仰在人心中既動搖，而將來臨的人本理性時代尚未產生新的人生準則，於是人智蜂起，各行其是，終於造成社會秩序的混亂。此際正是春秋末期，孔子應時而生，起而「贊易」，以挽救這一次的危機。他一方面應人道思想的要求創立新規則；一方面又拋棄了文王筮術占斷的方法，採取純粹哲學理論來作解釋。所以自孔門的彖傳，象傳及繫辭傳等十翼出，《周易》遂成為一本純粹哲學思想的書。孔子致其一生精力於經營人道，並建立起以人道為中心的儒門易學思想體系。他的創變，使《周易》包容了宇宙萬物變化的大思想，也使易學成為帶有人類文化使命的哲學。由前者，它超越歷史各時代；由後者，它又入於歷史各時代，為各時代點燃新的生命。因此，易學充實的內涵，使它永不會被歷史潮流所淘汰，且永遠能正視歷史的演變情況而表現其內容的哲學。

今日世界，又正是一個大變動的時代。吾人處於此時期面臨的危機，可從兩方面得知：一是毀滅性武器帶來的心理威脅；一是經濟供需失調帶來的生活恐慌。二者同樣都需要著一個大哲學思想的來臨。而我們綜觀世界各式文化，除了中華民族的大易哲學，還有何種文化能順應歷史潮流，擔任此一振衰起蔽的責任呢？

伍、中華文化的再宏揚

大易哲學本就是為人類解決問題的哲學，在文王和孔孟時代的兩次時代改變中，它都能以它高深的哲理，為人類的進步理想而奮鬥。今日世界危機的關鍵在「人」（人類的危機），這正是它最擅處理與表現的功能，而大易哲學的廣大精微，又是世界任何哲學所不能比擬，那麼，研究《周易》的奧義並探討其精華，展現其英蘊，豈不正是處在這時代的知識份子，所應汲汲從事的要務嗎？故曰：大易哲學，乃係處衰世之智慧，濟衰世之哲學；亦正是破迷惘之智慧，創新局之哲學。愈是生當衰世則易學的生命精神愈能振奮創造活躍，也愈能放曠高瞻遠矚，及愈能以激濁揚清的天職，擔當拯救世界的任務。當其憑藉智慧洞燭機息，投注其創進不已之精神於人世之洪流時，惟益見其生命機趣之璨溢光照而已！

綜合以上所述，足知大易哲學確能守常以求變，融匯而更新。其於今日較諸以往各時代更有價值，而時代之需要大易哲學，亦較以往任何時代更為迫切。所以今日欲重建社會秩序，重整道德文化，非賴中華傳統的大易哲學是無法擔當此任務的！

（本文曾獲中華民國易經學會於七十四年舉辦第二屆易經論文獎第四名）

註釋

❶ 漢書藝文志，論易固以易之文為首；論書則引易曰：「『河出圖，雒出書，聖人則之。』故書之所起遠矣！」論禮：引易曰：「有夫婦、父子、君臣上下，禮義有所錯。」論樂：引易曰：「先王作樂崇德，殷薦之上帝，以享祖考。」論小學：引易曰：「上古結繩而治，後世聖人易之以書契，百官以治，萬民以察，蓋取諸夬。」

❷ 參閱屈萬里先生：〈周初文獻與孔子中道和孝道學說〉。

❸ 可參閱高懷民先生、先秦易學史第三章符號易時期，第二、三、四、五各節。

❹ 可參閱薛學潛先生著作《易經數理科學新解》。

❺ 日光（離）居上（乾）天，和在（坤）地上的（坎）水，相互間產生了化學（光合）作用，使植物衍生、繁殖、結果，並供給動物及人類，所需要的養分與空氣。人在世上需要動植物提供營養才能生存，而動植物的繁殖、生存，又需靠「光合作用」——日光和水。由此看來，周易新卦序（後天易），是合乎自然科學的原理的。

周易王弼注中的思想

西漢初期的易學，尚未離開十翼義理之外，可以算是易傳的延續。其後由於時代風尚的轉變，易學的發展，在孟喜等人手中，已逐漸脫離十翼的精神，而附上陰陽五行，天干地支等理論，於是十二消息卦，六日七分，納甲、爻辰、飛伏、互體、半象、旁通、升降、世應等象數易的名目，便成為漢易的主流。前期的象數易，由西漢宣帝年間到新莽時止，易家有孟喜、焦延壽、京房、費直、高相等，都以占驗災異為主；後期的象數易，從東漢順帝以後到王弼之前，易家如鄭玄、荀爽、虞翻、馬融等，則以卦變為主，並以之注解經文。在這三百年間，儒家的哲理易已不見蹤跡。直到王弼出而廓清象數，十翼義理才又清楚的顯現出來。所以王弼的易注，在易學史上，是擔負著易學從象數重趨哲理化的重要關鍵呢！

然而歷史上所給予王弼及其作品的評價，並不是正面的。如孔穎達〈周易正義序〉以為：「魏世王輔嗣之注，獨冠古今。」❶程伊川《易傳》，王應麟《困學紀聞》，亦對王弼易稱頌有加。而范寧卻謂：「王弼，何晏二人之罪深於桀紂。」❷朱彝尊《經義考》亦引稅汝權責斥王弼語：「惑世誣民，抑何甚哉！」❸再從掃象來看，有人讚許他「一切掃除，暢以義理，天下耳目煥然一新，聖道復睹。」❹也有人攻擊他「並象變而去，則後之學者不知三聖命辭之本心。」[5]真是人各異說，莫衷一是。看到以上紛雜的情況，相信大家都會有個疑問，即王弼的思想內容到底是什麼？何以歷來學者會有二種截然不同的態度呢？

本文所要敍述的，便是試著從王弼易注中，去找尋相關資料，並探討其癥結所在，再加以疏通，祇希望在釐清此一問題上，能有些微的幫助。

壹、王弼易注之時代背景

魏晉在中國學術思想史上，正是一個轉變的時代。我們從內在理路上看：一方面由於儒家思想定型，引不起當代學者的興趣；另一面則連年戰亂，學者無書可讀，也是學術漸趨玄理化的重要因素。再從外在刺激上看，東漢黨錮之禍的發生，學者多存避世免身之心，因而老莊思想盛行。降及魏世，曹操重才不重德的作法，更是徹底破壞了當時的社會秩序。以下便將影響王弼易注之背景環境，做一系統的概述：

一、儒術定型．失其維繫效用

儒家思想的定型，可分從兩方面加以敍述：一是政治上的定型，一是學術上的定型。首先從政治上來看：武帝所獨尊的儒術，已非孔子原貌，實際上也祇是藉著罷黜百家來統一思想，建立絕對的君權政治罷了。同時又採取鄒衍一派的終始五德說，外輔以陰陽五行，而構成一套極神秘巧妙的天人感應政治哲學。於是當代的儒家，帶了很濃的方士氣味，幾部經書也被披上迷信的色彩。再從學術上的定型來看：漢代經學研究，在量的方面，固然不少，而質的方面，卻有個共同缺點，即缺乏創造性。班固〈漢書藝文志〉云：

> 後世經傳，既已乖離。博學者，又不思多聞闕疑之義，而務碎義逃難，便辭巧說，破壞形體。說五字之文，至於二三萬言。後進彌以馳逐。故幼童守一藝，白首而後能言。安其所習，毀所不見，終以自蔽，此學者之大患也。

在始皇焚書以後，對經書加以訓詁和註釋，自屬必要。但若「說五字之文，至二三萬言」「幼童守一藝，白首而後言」，其結果必將經學弄得支離破碎，全無生氣。

王弼注易最重要的工作，便是掃除象數，以破壞天人感應的政治學說。而在注文方面，簡當切理，更是對破碎經學的直接打擊。

二、崇尚自然．老莊思想盛行

建安以後，儒家雖不再具有權威性，但是當時學者並未完全放棄經學，反而致力把老莊學說灌輸到經學裏，做著溝通調合儒道二家的工作。如眾周知，《論語》和《周易》是儒家哲學的兩大基礎。

因此，玄學家的初步工作便是以道家學說重新詮釋論、易。如何晏《論語集解》，王弼《論語釋疑》，嵇康的《周易言不盡意論》，鍾會的《周易盡神論》，阮籍的《通易論》等，或訓釋，或發揮，而無不是以道家思想為其論據基礎的。其中尤以王弼的成就最大。他的注易工作，便是用平實的道家義理，去說明周易的原理作用與變化，使象數易變為義理易，亦使之在中國學術史上能有創新的發展與影響。

貳、王弼易注之淵源

除了前一章所提到的時代背景之外，影響王弼易注最大的，要算是荊州學派和費氏易傳承系統了。以下便從這兩方面加以闡述：

一、荊州學風的影響

三國時代的易學，按照地域·思想的不同，大略可分三系：㈠江東系，以虞翻、陸績等為代表。㈡荊州系，以劉表、宋衷等為代表。㈢北方系，以鄭玄、荀融等人為代表。其中荊州一派，奉古文易為典要，輔之以《太玄》、《法言》，並雜入老莊諸子，見解最新！江東系略同於荊州，而北方系則仍蹈習漢儒象數。王弼便是承傳荊州一派新經義的易學大師，因此我們必先探究荊州學風特質所在，以了解王弼思想之淵源。

有關荊州學派的實際內容，雖不易探知，但其學風的源起及發展趨勢，還是不難考見。大致說來，荊州學派是介於鄭玄的雜揉今古文經，以及魏晉的崇尚易老莊玄學理論之間。也可說是鄭玄經學簡化運動的進一步發展，及魏晉玄學的濫觴。於是我們可以得知荊州學派的特質如下：

㈠精研周易・徵引太玄

荊州學風的領導人物，如劉表、宋衷輩均治《周易》，宋衷更對揚雄的《太玄》，王充的自然學說別有研究。後繼者如王肅，李譔，及江東系之虞翻、姚信、董遇也都以易、太玄兼治而見重士林，足見當時的學術風氣。

王弼對易學產生特別的興趣，且能建立義理的新易學，便是在這環境薰陶下而孕育出來的。

㈡刪章裁句・契玄說理

鄭玄治經，首先在折衷今古文的紛爭，以及刪減章句的繁蕪與瑣碎。然而，鄭玄的刪裁不僅未透徹，反而有混雜諸家的弊端。於是劉表便領導來歸的天下學者，對經學重新加以研討整理及考定。

又《南齊書》中載有〈王僧虔誡子書〉，稱「荊州八帙」為清談家口實。由此看來，八帙之內容必跟玄理大有相通之處，否則清談家不會以之為談論對象。

由以上所述，再與王弼易注相對照，可以明顯看出，尚簡要，重玄理的荊州學風，正是在為王弼廓清漢學做著舖路的工作。

二、漢魏易家的承傳

王弼易屬費氏古文易系統，同時代之易家如王肅、何晏等，也對其有相當啟發。今考其承傳如下：

㈠源於費氏易

費氏易之特色，吾人今日可知者，如經用古文❻，注用十翼，長於卦筮，明於易占等皆是。而王弼以彖、象、繫辭、文言解經，正屬費氏易系統❼。正如晁公武、馬國翰所云：「凡彖象文言等參入卦中皆祖費氏」（郡齋讀書志）「王弼用費經注疏，今存其易，亡而不亡也。」（費氏易）因此，我們雖限於資料，不能將費、王二家注文加以比較，但從各家記載也可明其相互淵源了。

㈡承於王肅易❽

王肅易注在魏齊王芳之時，曾列於學官。南北朝時，亦嘗行於北方。故後起之著家，大都受其影響。茲比較肅、弼二家易注如下：

1.頤六二，顛頤拂經于丘、頤、征凶。

肅注：「養下曰顛。拂、違也。經、常也。丘、小山，謂六五也；二宜應五，反下養初，豈非顛頤違常於五也。故曰拂經于丘矣！」

弼注：「養下曰顛。拂、違也。經猶義也。丘所履之常也，處下體之中，無應于上；反而養初，居下不奉上，故曰顛頤拂經于丘矣！」

2.損上九弗損益之，無咎、貞吉，利有攸往，得臣無家。

肅注：「處損之極，損極則益，故曰弗損益之，為下所益，故無咎……得臣則萬方一軌，故無家也。」

弼注：「處損之終，上無所奉，損終反益，剛德不損，乃反益之，而不憂於咎……得臣則天下為一，故無家也。」

從二家注文幾乎雷同來看，王弼注易確曾取資於王肅。所不同者，肅注由象而談理，正是象數易與玄理易的過渡學說。而王弼以為「初爻、上爻」無位，也是和王肅相異之處[9]。

㈢通於何晏易

以老莊思想言易，最早可上溯至西漢之淮南王劉安。而東漢魏伯陽之《周易參同契》，更以神仙丹道等老莊之術參合易理。當然其中仍不乏迷信的色彩，因此祇能算是玄理易的雛型。至何晏捃取先儒之解說，又從而以老莊玄言會通之，而玄理說易的風氣乃大盛。王弼便是在這種風氣之下，以老莊玄言注易，而開哲理解易的坦途。後世易家如程、朱、來諸氏之以理學解易，乃至僧家之以禪通易，無一而不受影響。

參、王弼易注之原則

《周易略例》一文，是王弼易注的總綱領，所以從略例中去找出王弼注易的大原則，必能收事半功倍之效。

周易略例分為七節：⑴明彖：乃從易簡的道理來說明彖的意義。⑵明爻通變：乃由變易的方式來說明爻的變化。⑶明卦適變通爻：是綜合前二節的主旨，並論及卦的時義與爻的變動。⑷明象：是申述忘象以得意的原則。⑸辯位：在講明爻位的陰陽。⑹略例下：在補述前五篇的不足。⑺卦略：舉出屯、蒙等十一卦的要領以示人。從以上，我們不難發現把握每一卦的主爻和卦義，顯示六爻成變的原則，及卦時、爻位，忘象得意等主張，正是王弼易注的體系與原則。茲分論於後：

一、把握主爻

王弼易注中，明文標立為卦主者，計三十二處。未標明為卦主而義同者有兩處[10]。今各舉一例說明如下：

㈠以唯一的陰爻或陽爻爲卦主

如同人卦彖曰：「柔得位得中而應乎乾，曰同人。」弼注云：「二為同人之主。」屬於此類之卦尚有小畜、履等七卦。

㈡以九五或六五爲卦主

如觀卦彖曰：「中正以觀天下。」弼注九五云：「居得尊位，為觀之主。」屬於此類尚有訟、賁等十六個卦。

㈢以某爻爲上卦或下卦，衆陰或衆陽之主

如蒙卦彖曰：「初筮告，以剛中也。」王弼注云：「謂二也，二為眾陰之主也。」又如需上六注云：「處無位之地，以一陰為三陽之主。」即是以上六為下卦三爻之主。

四以無位之爻為卦主

屬於此類僅有一卦，即明夷卦初九注：「明夷之主在於上六，上六為至闇者也。」卦略篇特別為此特殊情況提示云：「明夷為闇之主，在於上六。」

由以上分析可見，王弼於注易時，確能把握主爻，以求得正確的卦義。

二、掌握卦義

彖傳說經，每及內外二體，象傳釋卦，便無一不以二體為說。王弼注易既以十翼為資料，則以二體說明卦義，固屬預料中事。因此，以內外二體解釋卦義，便是王弼掌握卦義的第一個特徵。如小過卦彖曰：「上逆而下順也。」弼注云：「上則乘剛，逆也。下則承陽，順也。施過不順，凶莫大焉；施過於順，故更變而為吉也。」便是以震艮二體之乘承逆順關係，來表明小過之義的。再者《略例明彖篇》云：「舉卦之名，義有主矣。觀其彖辭，則思過半矣！」可見從卦名想見卦義，也是王弼掌握卦義的第二個特徵。如噬嗑彖曰「頤中有物，曰噬嗑。」王弼注云：「頤中有物，齧而合之，噬嗑之義也。」又云：「噬、齧也，嗑、合也。凡物之不親，由有過也。有間與過，齧而合之，所以通也。」便是最佳例證。又王弼也以「消息」來解釋卦義。惟他祇接受彖傳的啟示，以之比擬君子、小人，所以與漢儒之「消息」是同名異義的。如大壯彖曰：「大壯，大者壯也。」弼注云：「大者謂陽爻。小道將滅，大者獲正，故利貞也。」可見以陰陽消長來說明卦義，也正是王弼掌握卦義的第三個特徵。

從以上所述，可以看出王弼表明卦義的方法，皆是本乎〈彖傳〉〈象傳〉而加以變化運用的。

三、辨明爻位

彖象傳在辨明爻位上，不過是以初爻稱下、卑、本、始、底；以上爻稱上、亢、終、末、窮；以及二、五爻稱中，並以五爻為尊位、天位、帝位而已⑪。而王弼即據此，作廣泛而有系統的應用。大致說來，他還頗能把握六爻的本末輕重或先後終始的觀念。如以初爻稱初，則上爻稱極；初爻稱始，則上爻稱終；初爻稱下，則上爻稱上；初爻稱底，則上爻稱窮；初爻稱先，則上爻稱後。蓋在王弼的觀念裏，每一個卦都是自足的整體，有完整的終始性。此外又以二、五稱中，尤其是第五爻，常居一卦最尊之位。至於三、四兩爻，在兩卦之間，處於不上不下之位，故常有「處……之中」或「處……之際」。這些見解大都與經文相合，也不違背彖象傳釋爻位之例。可說是十翼義理的再度發揮。

肆、王弼易注之易例

在前面，我們已把《周易略例》中，有關注易的大原則加以解釋。現在再將注文中的通例略述如下：

王弼周易注例，廣義說來有：承乘、比應、據附、順逆、進退、往來、遠近、上下、內外等九例，今考之於後：

一、承乘之例（附順逆之例）

就一爻所比鄰的上下關係而言：凡爻之在上者，於下為乘；爻之在下者，於上為承。若就爻位而論，則陰爻在陽爻上曰乘，陰爻在陽爻下曰承。承乘是與順逆同義的。如〈明卦適變通爻〉便曰：「承乘者，逆順之象也。」「辨逆順者，存乎承乘。」例：

師六三注：「以陰處陽，以柔乘剛，則進無應，退無所守。以此用師，宜獲輿尸之凶。」

噬嗑六三注：「處下體之極，而履非其位……然承於四，而不乘剛。雖失其正，刑不侵順。故雖遇毒，小吝無咎。」

其中，師卦六三以柔乘剛，故有凶逆；噬嗑六三以陰承陽，而保無咎。此承乘順逆之例也。

二、比應之例（附近遠之例）

比應是指上下，相對之兩爻的關係而言。凡初四、二五、三上之爻，陰陽互異，謂之應。反之則無應。又當遠無所應，相近之二爻又陰陽互異時，則可相親比。例：

比六三注：「四自外比（指四、五陰陽相比），二與五應；近不相得（指二四皆陰爻），遠則無應（指上六爲陰爻）。所與比者，皆非已親，故曰比之匪人。」

由此例可知，比卦六三欲上比於四，而四與五陰陽互異而相比；欲下比於二，而二與五又陰陽相異而互應；最後又想和上六相應，而上六為陰爻，不能相得。所以王弼才注比卦六三為「近不相得，遠則無應」。這便是比應例的大概情況。

三、據附之例

據附與乘承一樣，同是就一爻所比鄰的上下關係而言。但乘承重在辨其順逆，據附則重在明其憑係。也就是說凡佔有下爻以為憑據者，謂之據；凡順從近爻而依係之者，謂之附。據附的條件不一定是陰陽互異：

遯九三注：「在內近二，以陽附陰。宜遯而繫，故曰繫遯。遯之為義、宜遠小人。以陽附陰，繫於所在，不能遠害，亦已憊矣！」

按遯卦之義，在遠小人。而九三附於六二，正是附非所附。又如王弼注**隨**之六三云「二已據初」。**姤**之九三云：「二據於初」。皆據附之例也。

四、進退之例（附往來、上下、內外之例）

我們分析前舉三例，大致可知一二類是明顯的通例，第三類據附已存義理解釋卦爻的趨勢。至於此節所論，則已完全從義理上著眼：

所謂進者，即指動而之其所適；退者，即指靜而自守其處。凡爻之進退出處，均與時之通塞有關：時通則可進而相應；時塞則退而不能相合。此外爻位之當否，卦時之安危，近爻之阻暢，所適之納拒等等，也都有所影響：如

需初九注：「居需之時，最遠於難，能抑其進以遠險、待險、雖不應，幾可以常也。」

便是以卦時之義來示我們以安危動靜之道。

其餘如往來，上下、內外、出處、居行等例，亦與進退之義同。如往來之例：

蹇六四注：「往則無應，來則乘剛，往來皆難，故曰往蹇來連。」如上下之例：

睽初九注：「上無應可援，下無權可恃。」

前一卦是近爻的隔阻，後一卦是爻位失當。都與進退之例雷同。

總結本段所述：爻之有承乘，比應，據附，進退等例，也是由彖、象傳引申而來。如彖

傳言應者十七，言乘者五[12]；而困卦六三爻注「剛非所乘」「下據蒺藜」，象傳「據于蒺藜，乘剛也」。在在都可以證明，王弼並不從卦象符號上去玩弄技巧，而是根據〈象傳〉〈象傳〉的提示，找出幾條簡明的原理，再以哲學的思辨去進行分析，而完成掃象的工作！

伍、王弼易注之內容

王弼易注的內容，最特殊的就是以傳解經，以老釋易及掃象譏互之說。以下便從這三方面加以說明：

一、以傳解經

王弼注周易，所本的是費直以十翼解經的古文易，後世學者也大多肯定他以傳傳經的功勞；如皮錫瑞《經學通論》中說：「王弼盡掃象數，而獨標卦爻承應之義，蓋本費氏以彖象繫文言解經。」（易經類）。陳蘭甫《東塾讀書記》，更以乾卦為例，加以申明：

> 乾元亨利貞。初九潛龍勿用。王輔嗣注云：「文言備矣。」九二見龍在田。注云：「出潛離隱，故曰見；龍處於地上，故曰在田。」此真費氏家法也。元亨利貞之義，

潛龍勿用之義，文言已備，故輔嗣不復爲注。至見龍在田、象曰：「德施普也」。文言曰：「龍德而正中者也」。又曰：「時舍也」。皆未釋見字田字。故當爲之注，而又不以意而說也。文言曰：「潛之爲言也，隱而未見。」潛爲未見，則見爲出潛矣；潛爲隱，則見爲離隱矣。故輔嗣云：「出潛離隱」。據彼以解此也。繫辭傳曰：「兼三才而兩之」。故易六畫而成卦，是五與上爲天，三與四爲人，初與二爲地。初爲地下，二爻爲地上，故輔嗣云：「處於地上也。」此真以十翼解說經文者。若全經之注皆如是，則誠獨冠古今矣。（卷四）

像這類以十翼解經的例子，幾乎隨處可見，再舉數例為證：同人九五注云：「彖曰：柔得位居中而應乎乾，日同人。」即直接以彖傳注爻辭。剝初六注云：「剝床之足，滅下道也。」即是小象傳「剝床以足，以滅下也」的翻版。萃卦彖注：「方以類聚，物以群分」。與繫辭上傳原文一般無二。

由以上三例，可以看出王弼確是以儒門義理解易的。

二、以老釋易

本文在前面介紹王弼易學淵源時，曾談及他受到當時玄學家及玄學環境的影響。所以在他的易注中，也不乏以老釋易的例子：

> 乾卦用九：「見群龍無首、吉。」王注：「九天之德也，能用天德，乃見群龍之義焉。夫以剛健而居人之首，則物之所不與也；以柔順而爲不正，則佞邪之道也。」

王氏所說「剛健居人之首則物所不與」，這是原本老氏「聖人欲上民，必以言下之；欲先民，必以身後之」及「不敢為天下先」之意。乾彖傳又注云：「夫形也者物之累也，有天之形而能永保無虧，為物之首，統之者豈非至健哉！」其第一句「形也者，物之累也」，便是由老氏「吾所以有大患者，為吾有身」衍伸而來。坤卦六二注：「任其自然而物自生，不假修營而功自成」。蒙六五象注：「不先不為」。隨大象注：「物皆說隨，可以無為」等，更是老子哲學中最重要的「自然無為」觀念的化身。

由此可見，王弼在注易時，為把漢人繁亂支離的象數說抹去。確是把老學中抽象的觀念，溶入易中，以求得當代學者的認同。

三、重理掃象

王弼易注的另一特點，便是掃除象數。茲以家人卦為例，比較王弼注與象數易注之異同：

家人卦辭：「利女貞」。

王弼注：「家人之義，各自脩一家之道，不能知家外他人之事也。非元亨利君子之貞，故利女貞。」

虞翻注：「遯初之四也。女謂離巽，二四得正，故利女貞也。」

家人象傳：「風自火出，家人。君子以言有物而行有恒。」

王弼注：「由內以相成熾也。家人之道，脩於近小而不妄也。故君子以言必有物而口無擇言，行必有恒而身無擇行。」

馬融注：「木生火，火以木為家，故曰家人。火生於木，得風而盛，猶夫婦之道相須而成。」

家人上九爻辭：「有孚威如、終吉。」

王弼注：「處家人之終，居家道之成，刑于寡妻，以著于外者也，故曰有孚。凡物以猛為本者，則患在寡恩；以愛為本者，則患在寡威，故家人之道尚威嚴也。家道可終，唯信與威。身得威敬，人亦如之，反之於身，則知施之於人。」

虞翻注：「謂三已變，則上易位為坎，坎為孚，故有孚。乾為威如，自上之坤，故威如；易則得位，故終吉也。」

由以上三例，可以明顯看出，王弼偏重義理的發揮，而虞翻、馬融均涉及五行和卦變。相較之下，王氏易的明朗清新，自較奇巧紛生的象數易討好。

陸、王弼易注之得失

王弼易注雖有上述許多優點，但缺點還是存在的。如王弼掃象卻仍用象數，以十翼解易卻不純正，及比應之例不一等皆是。今述之如下：

一、偶雜象數

以今日的觀點來看：象數也是易經要義之一，王弼雖心存掃象之念，卻也不能全去。如：

隨上六爻辭：「王用亨于西山。」

注云：「兑為西方，處西方而為不從，故王用通于西山。」按：兑為西方是八卦方位之說，是王弼以象數解易也。

賁彖傳：「賁亨，柔來而文剛，故亨。分剛上而文柔，故小利有攸往。」

注云：「剛柔不分，文何由生？故坤之上六來居二位，柔來文剛之義也。柔來文剛，居中得位，是以亨。乾以九二分居上位，分剛上而文柔之義也。」按注中「坤之上六來居二位」「乾之九二分居上位」，完全與荀爽陽升陰降之說相同。

從以上分析，王弼掃象而用象，確實難辭疏忽之咎。然而象數本為易義之一，不能盡去，理亦至明。故王弼注文雖涉象數，亦不應過于斥責。

二、義理不純

王弼易注並不全以十翼義理解經，因此也常惹學者非議。茲舉程頤《易傳》與王弼易注相對照，便可知其義理不純之處：

訟卦大象：「天與水違行，訟，君子以作事謀始。」

王注：「聽訟吾猶人也，必也使無訟乎。無訟在於謀始，謀始在於作制。契之不明，訟之所以生也。物有其分，職不相濫，爭何由興？訟之所以起，契之過也。故有德司契，而不責於人。」

按：「有德司契」一語，見《老子道德經第七十九任契章》。王注所以舉此，是解說作事謀始的。然而作事謀始，並不限於契約之事。可見王注有強引老子語作注的情形。我們可從程傳的文字加以了解：

程注：「故凡所作事，必謀其始，絕訟端於事之始，則訟無由生矣。謀始之義廣矣，若慎交結，明契券之類是也。」

從程傳可以看出，其含義不僅更廣，連道家的氣息也除去了。再舉一例來看：

復卦彖傳：「復其見天地之心乎」。

王注：「凡動息則靜，靜非對動者也；語息則默，默非對語者也。然則天地雖大，富有萬物，雷動風行，運化萬變，寂然至無，是其本矣。」

按：無是老學的基本觀念，王氏此注用老氏之意，自不待言。但以無為天地之本，非易之義也。張載便曾說：「大易不言有無，言有無，諸子之陋也。」程傳亦說：「先儒皆以靜見天地之心，蓋不知動之端乃天地之心也。非知道者孰能識之？」這段話更是把儒道之別，說得透闢極了。

三、用例不一

關於王弼易例，先儒亦多有意見。如弼云：「初爻，上爻無位。」但注文中卻不乏論初、上二爻之位之說：如需上六注：「處無位之地，以一陰而為三陽之主。」大有上九注：

「不累於位」等皆是⑬。由此可見王弼注易之例，確有相矛盾之處。

另外在用例不一方面，還可以找到的有「比應之例不一」。如前文所云：相應只就初四、二五、三上兩爻互應而言。但在比卦、小畜卦、大有卦的注文中，卻有一爻與其餘五爻共應的例子。如：

比彖傳：「上下應也」。

王注：「上下無陽以分其民，五獨處尊，莫不歸之，上下應之。」是以第五爻和其他各爻相應。

小畜彖傳：「柔得位而上下應之。」

王注：「謂六四也……體無二陰以分有應，故上下應之也。」

此卦則是以第四爻和其他各爻相應。

然而，我們遍尋這兩卦的其他注文，已沒有五陰共應一陽或五陽共應一陰痕跡，反而還是採用初四、二五、三上相應的法則。由此可見王弼易例確有前後不一致的毛病。

柒、結論

王弼易注在掃除漢易之弊，與開創易學的新坦途上，確不容忽視。雖有小疵，卻不掩其大美。《四庫提要》有很好的意見：

> 平心而論，闡明義理，使易不雜於術數者，弼與康伯深爲有功；祖尚虛無，使易竟入於老莊者，弼與康伯亦不能無過。瑕瑜不掩，是其定評。諸儒偏好偏惡，皆門户之見，不足據也。

因此在易注上，我們採取的態度是善惡互見，瑕瑜並存。但於他帶動風氣之功，則是予以正面肯定的。

（本文曾獲中華民國易經學會七十五年舉辦第三屆易經論文獎第三名）

註釋

❶ 語見《周易》，十三經注疏本，總頁二。
❷ 見《晉書》卷七十五，頁二十六。
❸ 見《經義考》卷十，頁六上。
❹ 見《經義考》引黃宗炎語，卷十，頁七下。
❺ 見《經義考》引丁易東語，卷十，頁六下。
❻ 《漢書藝文志》云：「劉向以中古文經校施孟梁丘經，或脱去無咎悔亡，唯費氏經與古文同。」
❼ 見徐芹庭，《兩漢十六家易注闡微》，頁二九一。
❽ 據徐芹庭，《魏晉七家易學之研究》一書所考，王肅易應為其父王朗所作，而由王肅撰定。
❾ 王弼以為初上無位，王肅則本〈既濟彖傳〉：「剛柔正而位當也」之説，以初、三、五為陽位，二、四，上為陰位。
❿ 本段內容可參酌林麗真先生《王弼及其易學》一書，頁七十五至八十一。
⓫ 見屈萬里，《先秦漢魏易例述評》，頁一二至二六。
⓬ 見惠棟《易例》卷二。
⓭ 徐芹庭、《易學蠡測通象篇》，曾對初上無位説之謬誤加以指正。

亭林之易經學

本文探討範圍，包括《日知錄》卷一、《五經同異》上卷、《易音》，及《亭林文集》中之相關部份。

壹、通　論

一、論重卦不始於文王

歷來論重卦的人，約有四種說法：一是王輔嗣等以為伏羲畫卦，因而重之為六十四卦；二是鄭玄等以為神農重卦；三是孫盛以為夏禹重卦；四則史遷諸人以為文王重卦。此四說中，尤以史遷之說最為後儒取用。孔穎達〈周易正義序〉引〈繫辭〉「神農氏作，斲木為耜，煣木為耒，耒耨之利，以教天下，蓋取諸『益』；日中為市，致天下之民，聚天下之貨，交易而退，各得其所，蓋取諸『噬嗑』。」一段，認為既然神農氏時已有此二卦，則重卦之人自非夏禹或文王。

然而〈繫辭〉之文，明顯是以傳聞或史事來配六十四卦，何況後儒亦證明〈繫辭〉乃戰國時偽書，則對其說法自應有所保留。亭林乃另找證據以證明之，他說：

周官太卜掌三易之法：一曰連山、二曰歸藏、三曰周易❶。

他先舉出古代占筮之法有三種，即連山、歸藏與周易。然後又舉例證明古籍中引易之辭，有不見於今《周易》中者：

《左傳》僖十五年，戰於韓。卜徒父筮之曰吉。其卦遇蠱曰：「千乘三去，三去之餘，獲其雄狐。」成十六年戰於鄢陵。公筮之，史曰吉。其卦遇復曰：「南國蹙，射其元王，中厥目。」此皆不用《周易》，而別有引據之辭❷。

從本段所引卦名來看，可知三易皆有六十四卦，惟不知《左傳》所引用的文辭是連山或歸藏。既已確定三易皆有六十四卦，於是亭林便斷言「重卦不始文王」：

太卜掌三易之法，其經卦皆八，其別皆六十有四。

考之《左傳》襄公九年，穆姜遷於東宮，筮之，遇艮之隨。姜曰「是於周易、曰隨，元亨利貞，無咎」。獨言是於《周易》，則知夏、商皆有此卦，而重八卦爲六十四卦者，不始於文王矣❸。

亭林雖亦不能證明重卦之人為誰，但證明非文王重卦，於釐清後儒對易學的認識，已大有貢獻。

二、論卦變之說不可信

卦變的現象，於損卦爻辭已可見到，但並非普遍通例。漢代京房據之而有爻變之說，至荀爽、虞翻則卦變遂成定例。屈萬里〈先秦漢魏易例述評〉述虞氏卦變之例有四：「乾坤二五互之，以成坎離，一也；不正之爻，皆當變而之正，以成既濟定，二也；以爻位消息，推其卦之所自來，三也；震巽特變，四也。」❹述荀氏卦變則舉陽升陰降❺，而結論皆是其說難通，其說不足恃。然早在清初亭林已專章闢之。他引王炎〈卦變論〉云：

卦變之說，謂乾坤爲父母，而姤復爲少父母，六畫成卦。凡一陽五陰，皆自復變；一陰五陽，皆自姤變；二陽四陰，皆是臨變；二陰四陽，皆自遯變；三陽三陰，皆自泰變；三陰三陽，皆自否變。其説不聞於先儒……且乾坤爲父母，其交則爲三男三女。復卦上坤下震，震乃乾一索而得男，姤卦上乾下巽，巽乃坤一索而得女。若復、姤爲少父母，則姤有乾、復有坤，乾坤反係姤復所生。而震巽二卦亦非出於乾坤，不知從何而來❻。

亭林認為卦變之説有相矛盾處，如復、姤二卦之上卦各有坤、乾，猶似乾坤二卦自姤、復生來，如此則震、巽二卦，又是從何而來呢?因此亭林以為：

讀易者捨夫子所已言，求夫子所未言，恐非聖人意也。卦變之説，存而勿論，斯可矣❼！

亭林否定了以卦變取象後，並提出聖人取卦原則以作補充，他引《蘇氏易傳》説：

聖人之所取以爲卦，亦多術矣！或取其象，或取其爻、或取其變、或取其剛柔之相易（似荀、虞之卦變）。取其象，天水違行訟之類是也；取其爻，六三履虎之類是也；取其變，頤中有物曰噬嗑之類是也；取其剛柔之相易，賁之類是也。❽

剛柔相易，衹是聖人取象的方法之一，而荀、虞二氏以之為釋卦的主要條例，無怪乎矛盾叢出且後人不信也。

三、論互體之說不可信

互體也是荀、虞二氏解易之大宗。這種說法最早見於《左傳》，而完成於京房❾，逮及虞氏，其例已紛雜難明！故亭林也對互體說提出意見：

> 凡卦爻，二至四、三至五兩體交互，各成一卦，先儒謂之互體。……然夫子未嘗及之。後人以雜物撰德之語當之，非也。其所謂二與四、三與五同功而異位，特就兩爻相較言之，初何嘗有互體之說❿？

亭林認為聖人衹是就爻之特性，將功同而位異之爻，如二爻與四爻、三爻與五爻相互比較而已，而後儒為解釋卦爻時取象的方便，衍成互體說，實非聖人之意。他又比較聖人與荀、虞取象的優劣云：

聖人設卦觀象而繫之辭，若文王、周公而已。夫子作傳，傳中更無別象。其所言卦之本象，若天、地、雷、風、水、火、山、澤之外，惟頤中有物，本之卦名；有飛鳥之象，本之卦辭。而夫子未嘗增設一象也。荀爽、虞翻之徒穿鑿附會，象外生象，以同聲相應爲震巽，同氣相求爲艮兑，水流濕火就燥爲坎離，雲從龍則曰乾爲龍，風從虎則曰坤爲虎，十翼之中無語不求其象，而易之大旨荒矣⓫！

聖人取象的優點在於不離本卦，後儒則任意顛倒卦爻體位，則易旨又何得不晦澀難明？故亭林結論云：

易之互體、卦變、詩之協韻，春秋之例日月，經説之繚繞破碎於俗儒者多矣⓬！

實不刊之論也。

四、論學易不可廢數

易學自經荀、虞之徒附會後，易之象數已至支離難明，於是便有學者出而「掃象譏互」，專走義理一途，而棄象數不論。殊不知象數亦為易理之二，棄而不論，又如何能盡易？何況象數本具在易中，不能盡去，理亦自明。亭林有鑑於此，乃堅決認為學易之人但不習荀、虞附會之言即可，若盡易傳之言並去，則未免矯枉過正。他以孔子為例云：

> 形而上者謂之道，形而下者謂之器，非器則道無所寓。說在乎孔子之學琴於師襄也，已習其數，然後可以得其志，已習其志，然後可以得其為人。是雖孔子之天縱，未嘗不求之象數也⓭。

既明瞭孔子亦著重形下之器，於是亭林便引王炎〈讀易筆記序〉來反駁專重義理學者之不當：

> 自漢以來，易道不明。焦延壽、京房、孟喜之徒遁入於小數曲學，無足深詣。而鄭玄、虞翻之流穿鑿附會，象既支離，理滋晦蝕。王弼承其說，遽棄象不論。後人樂其說之簡且便也。故漢儒之學盡廢而弼之註釋獨行於今。然木上有水為井，木上有火為鼎，上止下動為頤，頤中有物為噬嗑，此四卦雖弼不能削去其象也。夫六十四卦等耳，豈有四卦當論其象，六十卦可略而不議乎⓮？

義理易至王弼而始盛，雖其有一掃象數纏繚的功績，然而一概棄而不論，卻祇能得易之一部份，何況連王弼要去象也不能全去！亭林又駁王弼云：

> 弼之言曰：筌所以在魚，得魚而忘筌；蹄所以在兔，得兔而忘蹄。言者象之筌也，象者意之蹄也。捨筌蹄無以得魚兔，則捨象求意，弼亦知其不可。而猥曰「義苟在健，何必乾始爲馬，類苟在順，何必坤始爲牛」，是未得魚兔先棄筌蹄之說也⑮。

無爻無象，又依何憑據言易辭？若依循爻、象得到易辭，而又捨爻、象，豈不自斷其脈絡本源？因此亭林認為學易的人是不可廢象數而不論的。

五、論初上爻無位之說不可信

一卦之中有六爻，一爻有位則六爻應有位。然自京房〈易傳〉及〈易緯乾鑿度〉以爻位附合官爵貴賤，後儒亦多有據此立論者。他們認為初爻及上爻無位，二爻為大夫，三爻為三公，四爻為諸侯，五爻為天子。殊不知〈易傳〉中言爻位有就貴賤上說，亦有從全體卦象立論。就貴賤上說，固然初、上無位，但若就一卦整體看來，則每一爻皆有其位。亭林於〈六爻言位〉條云：

> 易傳中言位者有二義，列貴賤者存乎位，五爲君位，二三四爲臣位，故皆曰同功而異位。而初上爲無位之爻。譬之於人，初爲未仕之人，上則隱淪之士，皆不爲臣也（明夷卦上六爲失位之君，乃其變例）。故乾之上曰貴而無位，需之上曰不當位。若以一卦之體言之，則皆謂之位，故曰六位時成，曰易六位而成章，是則卦爻之位非取象於人之位矣。此意已見於王弼略例，但必強彼合此，而謂初上無陰陽定位，則不可通矣⑯。

亭林此段是針對王弼而發，雖然王弼略例也認為爻位有上述三義，但卻經常將一卦之體位義，當作取象於人之位的貴賤義來解釋。強彼合此，自然有不可通曉者。今人屈萬里先生〈先秦漢魏易例述評〉、徐芹庭先生〈易學蠡測通象篇〉便對初上無位說之謬誤提出指正，正可以和亭林之說相證明。

六、論爻之變與不變

《易經》裏繫辭卦爻之數有九六、有七八。能變之爻則繫之九（陽）六（陰），不變之爻則繫之七（陽）八（陰）。原則上每個爻皆能動，故祇見九六不見七八，然當爻動（變）

之後，變之爻固以九六稱之，而不變者自繫之以七八。《左傳》中即有七八之例，卻因杜預不明瞭此一道理，乃謂此現象蓋雜用連山、歸藏二易，並胡言連山、歸藏皆以七八為占。亭林有鑑於此乃提出駁正，他說：

> 易有七八、九六，而爻但繫九六者，舉隅之義也。故發其例於乾坤二卦，曰用九用六，用其變也。亦有用其不變者：〈春秋傳〉穆姜遇艮之八。〈晉語〉董因得泰之八，是也。今即以艮言之，二爻獨變，則名之六；餘爻皆變，而二爻獨不變，則名之八。是知乾坤亦有用七用八時也。乾爻皆變而初獨不變，曰初七潛龍勿用，可也；坤爻皆變而初獨不變，曰初八履霜堅冰至，可也。占變者其常也，占不變者其反也。故聖人繫之九六。歐陽永叔曰：「易道占其變，故以其所占者名爻，不謂六爻皆九六也」，斯得之矣[17]！

《易經》占卦，有占其變者，有占其不變者，當占其變，則皆可繫之九六；占其不變，則但就不變之爻繫之七八。由於易道尚變，故繫之九六為常理。而若一卦之五爻皆變，其中有一爻不變，則此爻雖卦爻辭已稱之為九為六，亦無妨於取卦後稱之為七為八是也。

七、論善易者不占

《周易》為卜筮而設，上古遇事惑而不解，疑而不行，則借占卜以釋其惑、決其行。然而卜筮不免有迷信之譏，且人事之理不由人之道解決，反求之於冥冥不可知之鬼神，此有識者不為也。故子路問孔子如何事鬼，孔子謂未能事人，焉能事鬼，即此意也。

亭林《日知錄》卷一，專論《易經》各義，而其末即殿之以〈卜筮〉條，申明善易（人事之理）者不占之道，對後儒之沈迷於占術者，實用心良苦。亭林云：

> 舜曰：「官占惟先，蔽志昆命於元龜」。《詩》曰：「爰始爰謀，爰契我龜。」〈洪範〉曰：「謀及乃心，謀及卿士，謀及庶人，謀及卜筮」。孔子之贊易也亦曰：「人謀鬼謀」。夫庶人至賤也，而猶著龜之前。故盡人之明而不能決，然後謀之鬼焉。故古人之於人事也，信而有功；於鬼也，嚴而不瀆[18]。

此段乃亭林引古聖典籍之言證明：卜筮之道，先人後鬼。然而所謂人事又如何導入占辭之中？亭林申之云：

> 子之必孝、臣之必忠，此不待卜而可知者也。其所當爲，雖凶而不可避也。故曰「欲從靈氛之吉占兮，心猶豫而狐疑」……善哉屈子之言，其聖人之徒與！……是以嚴君

平之卜筮也，與人子言依於孝、與人弟言依於順、與人臣言依於忠，而高允亦有筮者，當依附爻象勸以孝忠之論，其知卜筮之旨矣⑲！

人事之理有必然者，如子孝、弟順、臣忠、友信等，依此必然之理而行，乃為常道。故善於易理者，不占亦知其所當行。若必依卜筮而行，則以人事之理所必然者言之，自中卜筮之旨。此即亭林易學最精闢之論。故其結語云：

君子將有爲也、將有行也。問焉而以言其受命也。如嚮告其爲也、告其行也。死生有命、富貴在天。若是則無可爲也，無可行也。不當問，問亦不告也。易以前民用也，非以爲人前知也。求前知非聖人之道也⑳。

易理教人，不過孝弟忠信、寡過反身。非教人預測未來，推求未知。亭林之易學中，即以此條思想最重要，亦最能反映其經世思想。

貳、考　證

亭林之易學有駁諸家之誤者，有申明文義者，今各舉例如下：

一、駁諸家之誤

亭林之經學，首重文義解釋，他認為讀九經自考文始，考文自知音始，故而其論述中，不乏駁正前人之言。今以《日知錄》卷一為例：

如〈巳日〉條，駁王弼注以「巳」為「已事遄往之已」之誤㉑；〈鴻漸於陸〉條，駁朱熹改「陸」為「逵」之誤㉒；〈易逆數也〉條，駁邵雍「先天易」說之誤㉓；〈說卦雜卦互文〉條，駁虞翻以為坤道不主一方，及兌象不見西方之誤等㉔，皆是就前人注易之失，而加以批駁。

亭林其餘諸經亦有類似情況，其內容或審定字義，或闡釋大旨，要皆有助於經學㉕。

二、申明文義

如朱子《易本義》解漸卦上九云：「胡氏、程氏皆云〈鴻漸於陸之〉陸當作逵。謂雲路也。今以韻讀之，良是。」亭林則於《日知錄》卷一，〈鴻漸於陸〉條持不同的看法。他說：

「上九鴻於漸陸，其羽可用爲儀，吉。」安定胡氏。改陸爲逵，朱子從之，謂合韻，非也㉖。

胡氏即胡瑗。不過這種說法，胡氏仍非最早。據晁公武云：此說出於子毗陵從事范諤昌㉗。而據朱子之注，可知伊川易傳亦贊同此說。則宋代易學家，多持如此看法是可以確定的。

亭林發論首重證據，他分別從音韻的觀點，及文義合理性兩方面來加以批駁。在音韻方面，他說：

詩儀字凡十見，（〈柏舟〉、〈相鼠〉、〈東山〉、〈湛露〉、〈菁菁者莪〉、〈斯干〉、〈賓之初筵〉、〈既醉〉各一見，〈抑〉兩見。）皆音牛何反，不得與逵相協㉘。

這是先破除宋儒認為協韻的根據，隨即他又從文義來加以證明：

雲路亦非可翔之地，仍當作陸爲是。漸至於陵而止矣，不可以更進，故反而之陸。古之高士，不臣天子、不友諸侯，而未嘗不踐其土、食其毛也。其行高於人君，而其身

> 則與一國之士偕焉而已。此所以居九五之上而與九三同爲陸象也。朱子發曰：「上，所往進也，所反亦進也，漸至九五極矣，是以上反而之三。」楊廷秀曰：「九三下卦之極，故皆曰陸。自木自陵而復至於陸，以退爲進也。」……其說並得之[29]。

亭林認為「雲路」的解釋，太過抽象。而依爻辭原文，釋為復歸於陸，不僅符合易理物極必反的原則，且亦合於文義的順序。故亭林此說，於廓清前儒之誤，功亦實多。

又如解小過卦「山上有雷」句與大壯卦「雷在天上」句之異同云：

> 山之高峻，雲雨時在其中間而不能至其顛也。故《詩》曰：「殷其雷，在南山之側」。或高或下在山之側，而不必至於顛，所以爲小過也。然則大壯言「雷在天上」何也？曰：「自地以上皆天也」。[30]

同樣的「雷」，一說在山上，一說在天上，亭林乃為之解釋，證明兩說並不衝突。因為「自地以上皆天也」[31]。

亭林在申明文義方面，見解仍多，今僅取此二則，以見梗概。後面所述諸經與此並同。

參、亭林易經學質疑

亭林雖經學修明，又有完善的治學方法，然疑誤之處，仍所難免。此並非皆亭林見解失當，前修未密，後出轉精，乃必然之現象。更何況以經學史來看，亭林經學在當時已鮮有匹敵，若一味指責，而略其思想價值與啟迪後學之功，則不免略其大義而得其小節。故本文所提之質疑，乃就今人已研究得出之成果，與亭林相互比較差異而已。不敢據以批評前儒而據為自己新論。

一、誤以十翼為孔子所作

〈易傳〉為孔子所作，是自古以來便相傳的說法。至北宋歐陽修〈易童子問〉，才敢打破聖經權威，謂〈十翼〉非孔子作，然仍未成為學術界之共識。亭林雖博學通覽，然而不敢輕蔑聖經，故著作中不乏循前人成說者。據本文考察所得，亭林以〈十翼〉為孔子作之文句，可見下列各處：〈朱子周易本義〉條㉜、〈卦爻外無別象〉條㉝、〈序卦雜卦〉條㉞、〈五經同異〉〈卦圖〉條㉟、〈卦變〉條㊱。

今證明孔子未作〈十翼〉如下：

第一：戰國初年，魏文侯頗尊儒好古，又奉子夏為師。按理若孔子作〈十翼〉，則高弟如子夏者自不會無傳。然晉朝時發掘魏襄王墓所得之古本易經，僅有周易上下經而無〈十翼〉，可證子夏時尚不知有〈十翼〉。

第二：《左傳》魯襄公九年，魯穆姜論「元亨利貞」四德，與今「文言」篇首略同。據錢穆先生依文勢考定，乃是〈易傳〉抄《左傳》❸❼。

第三：〈艮卦象傳〉有「君子思不出其位」句，而《論語》則明載為「曾子曰」。若果孔子作〈十翼〉，則《論語》何以記為「曾子曰」？

第四：繫辭中屢見「子曰」之文，可知乃後人述孔子之言，而非孔子手筆。

第五：孟子書內常稱述《詩》、《書》，而不及《易》。且今〈繫辭〉中有「繼之者善，成之者性」之語，若繫辭為孔子作，何以以繼承孔子自居之孟子在論性善時，不加以引述。

第六：始皇焚書坑儒，若孔子作〈十翼〉，則《易》當為儒家經典，何以博學如李斯者，竟視為卜筮之書而不燒？

從以上六點，足證孔子並未作（十翼），則亭林之誤據前人作論可知矣！

註釋

❶《日知錄》卷一，〈三易〉條，頁一。
❷同❶。
❸同❶，頁一—二。
❹《先秦漢魏易例述詳》，屈萬里先生全集之八，〈虞氏卦變〉條，頁一三六，聯經出版公司。
❺同❹，〈荀氏卦變〉條，頁一一九。
❻〔五經同異〕卷上，頁二。
❼同❻，頁三。
❽同❻，頁一—二。
❾同❹，〈虞氏互體〉條，頁一二七。
❿同❶，〈互體〉條，頁五。
⓫同❶，〈卦爻外無別象〉條，頁四—五。
⓬同⓫，頁五。
⓭同❶，〈形而下者謂之器〉條，頁二〇。
⓮同❻，〈易象〉條，頁二三—二四。
⓯同⓮，頁二四。
⓰同❶，〈六爻言位〉條，頁六。

⓱ 同❶，〈七八九六〉條，頁二五。
⓲ 同❶，〈卜筮〉條，頁二六。
⓳ 同⓲。
⓴ 同⓲，頁二七。
㉑ 同❶，頁十三。
㉒ 同❶，頁十五。
㉓ 同❶，頁二一。
㉔ 同❶，頁二二。
㉕ 亭林駁前人之註，各經皆有，今僅於《易經》論述時舉出，餘經同此，乃不贅述。
㉖ 同㉒。
㉗ 同❶，〈鴻漸於陸〉條注引。
㉘ 同㉒。
㉙ 同㉒，頁十五—十六。
㉚ 同❶，〈山上有雷小過〉條，頁十七。
㉛ 張湛註列子曰：「自地以上皆天也。故曰天在山中。」見〈天在山中〉條，頁十。
㉜ 同❶，頁二。
㉝ 同❶，頁四。
㉞ 同❶，頁二三。
㉟ 同❻，頁十七。

㊱ 同❻，頁二。

㊲ 見〈國立中山大學語言歷史研究所週刊、第七集，第八十三·四合期〉，又見黃沛榮〈易學論著選集〉，頁三八三—三八八。

焦循「假借說易」方式之商榷❶

壹、本文研究旨趣及研究方法

古籍文字往往有通假❷，讀古書而不知通假，則難免發生穿鑿附會，望文生訓的情形。自漢代以來，解經的傳注層出不窮，其中雖有不乏通假的訓釋，而望文虛造、歧違古義的，也所在多有。

宋以後古音研究漸興，至清代而初步規模已成。於是藉由聲音以通古義，藉由古義而明經旨，便成學者之共識。如顧炎武〈答李子德書〉云：「讀九經必自考文始，考文自知音始，以至諸子百家之書，亦莫不然。」《文集卷四》稍後的著名學者，如錢大昕〈潛研堂答問〉、戴震〈段玉裁六書音韻表序〉、段玉裁〈廣雅疏證序〉、王念孫〈廣雅疏證自序〉、王引之〈經義述聞序〉、朱駿聲〈說文通訓定聲序〉中，也都有相同意見。❸民國以來，研究者日眾，在專門著作方面：如高本漢《先秦文獻假借字例》、魯實先《假借溯源》、張亨《荀子假借字譜》、周富美《墨子假借字集證》、王淑玫《晏子春秋假借字集證》、黃子降

《用字假借釋例》、龍良棟《國語假借字考》，或圖建立古音系統，或明書中本義，或糾前人謬誤，大抵皆能從前人研究成果上，得出極佳成果。而專家學者如董同龢、戴君仁、王力、王叔岷、張以仁、龍宇純等諸先生，於假借方式之分析，訓詁原理之紹述，啟迪後學最著：羅常培、周祖謨、丁邦新、杜其容、陳師新雄、謝師雲飛、林師炯陽、簡師宗梧等諸先生，於古音系統之研究，提攜後學、引領入門、致力尤多。

在前人如此豐碩的資料採集及系統研究下，我們實不難比較出，清人在「破其假借之字，而讀以本字」時[4]，所犯的錯誤，其一便是思之太深、求之太過。其二便是缺乏例證，只憑聲音就自由心證地認定為通假。其三便是假借與通假的定義混淆不清。就第一點來說，古人字少意多，不得不一字多用。且在書寫時，也可能有忘字的時候，他們不像我們，隨手有字典可以翻閱，所以使用同音字來通假，便成為權宜的方式。如果反而認為其中必有微言大義，只怕是誤會古人了。就第二點來說，不論雙聲、疊韻或同音，音近即相借，則條件未免過寬[5]，況且又多無明顯例證。如此音聲輾轉相通，難保不把莊子和楊朱看成同一個人。就第三點來說，無本字的假借，固不必論，即有本字的假借和通假，仍然是有不同的。陸德明《經典釋文序》引鄭玄云：「其始書之也，倉卒無其字，或以音類比方假借為之，趣於近之而已。」這才是通假的原義，與「有意」去製造出來的有本字假借，自然不同[6]。

本人在研究《易經》學的過程中，深服屈萬里先生能直指漢代《易》例的謬誤，本以為從漢魏直到近代，雖也有小變漢《易》而說者，終是小道，不足識者一笑。然卻於閱讀焦循《易學三書》時，驚其竟能以音聲相假之理，而幾有彌縫漢《易》之功，不覺引發探究之心，期復《易》學本來面目。

在研究方法上，如眾周知，從古書中辨識通假字，是頗為困難的工作，因為撰作古書的人，在忘掉本字，而使用通假字時，並未特別作上記號以供辨認。西漢及其以前的經師雖已開始作訓解經籍的工作，但他們卻可能沒有通假的概念。而東漢經師古注所指明的通假——「讀為」、「讀如」、「讀曰」、「讀若」——雖頗具參考價值，然亦只能視為間接材料。因為語音是會隨時代而變的，《易經》經文的著成時代，雖眾說紛紜，然最晚亦必早於西漢數百年，其間雖未經秦火，但仍應顧及輾轉傳抄的偽字。因此，如果僅根據這項材料，則通假關係仍須存疑。

清代學者在小學與考據上，確實有其地位，但是，依《說文》追索本義，據《方言》比對異讀、引《爾雅》論證說解，卻是我們所不能滿意的。畢竟這些書籍的時代，與《易經》經文的時代是有相當距離的。由於他們所用的材料不健全，於上古語音系統又僅具間架，如此便影響他們所定通假字的可信度。正如高本漢〈詩經注釋序〉中所言：

> 因為沒有現代語言學的方法，尤其對於中國上古語音系統實在缺乏確切的認識——這

是他們的時代沒有辦法的——他們的工作就不免大大的受限制，並且他們的論證價值也要受到影響……在他們只知道古代語音系統的間架，而不知道古音實值的時候，任何一個字，都未嘗不可以用那一套理論（指「古音同」「雙聲」「疊韻」），說作等於另外一個字。（董同龢譯）

自然，焦循也不免有這些缺憾，不過由於清儒已使用聲音來說明通假，想從語音系統上與清儒爭勝，恐非易事。且既知他們所使用的是間接材料，如果還在上面打轉，即使有所成就，恐亦因欠缺直接證據，而難以令人信服。因此除了運用現代語音知識外，勢必要另闢門徑。於是本文擬從三方面著手來加以處理：

一、**反求原文經義**：將焦循所認定的通假字，置於經文中逐條比對，查看字句相同者，是否可以一概適用。（焦循認為易經經傳，乃聖人有意通假，此已誤解通假之義。又將經、傳字詞，一併討論，更是昧於撰著時代之作法。）

二、**旁徵古籍異文**：古籍引經，時有異文，如果此一異文能證成焦說，自不敢輕蔑前賢。（引經異文應視為直接證據，當然時代越早越可靠。）如若不然，自當反駁。

三、**運用考證資料**：如郭沫若考訂《周易》時代的社會生活方式。王國維據殷商甲骨文，考訂殷代帝系。羅振玉《殷墟書契考釋》證明有王亥。顧頡剛《古史辨》考定史實有喪羊於「易」，喪牛於「易」的故事，並說明「易」為地名。徐世大《易解頤》考定「孚」為俘虜等等。

至於運用前人對上古語音系統的研究成果，如《先秦文獻假借字例》、《上古音韻表稿》、《漢字古音手冊》，來作初期的篩選比對工作，當然是有必要的。

貳、焦循的假借理論

焦循既用假借的方式來研究《易經》，那麼他的理論根據為何？假借方式又為何？便是我們首先應該了解的。他在《周易用假借論》一文中說：

> 六書有假借，本無此字、假借同聲之字以充之，則不復更造此字。如許氏所舉令、長二字。令之本訓爲號，長之本訓爲久遠，借爲官吏之稱，而官吏之稱，但爲令、爲長，別無本字。推之、而爲面毛，借爲而乃之而；爲爲母猴，借爲作爲之爲，無可疑者也。（《雕菰集》卷八）

焦循這段話雖是根據〈說文解字序〉而來，也敍述了許慎所舉的二個有問題的字，不過隨後所舉的「而」「為」二字，確是無本字的假借。又云：

> 又有從省文爲假借者，如省押爲甲，省旁爲方、省社爲土，省虞爲吳，或以爲避繁就簡，猶可言耳。惟本有之字，彼此互借，如麓、錄二字，本皆有者也，何必借錄爲麓；壺瓠二字，本皆有者也，何必借瓠爲壺？疑之最久，叩諸深通六書之人，說之皆不能了。近者，學易十餘年，悟得比例引申之妙，乃知彼此相借，全爲易辭而設。

從本段敍述，我們已可發現焦循錯誤所在了。麓錄二字互借，壺瓠二字互借，原因即「倉促無其字，或以音類比方假借為之。」而非有意相借。換句話說，他將有本字假借和通假混合為一。所謂假借應指文字構成而言，所謂通假，卻表明文句中的使用狀況，本就不能混而為一，而竟然還附會成「彼此相借，全為易辭而設」，實在是很大的誤解。再深入探討相關典籍後發現，造成此一誤解，原來是導源於《韓詩外傳》。他在《易話》中說[7]

> 韓詩外傳云：「易曰：『困於石，據於蒺藜，入于其宮，不見其妻，凶。』此言困而不疾據賢人者：昔者秦穆公困於殽，疾據五羖大夫、蹇叔、公孫支而小霸；晉文公以困於驪氏，疾據咎犯、趙衰、介子推，而遂爲君；越王句踐，困於會稽，疾據范蠡、

大夫種，而霸南國；齊桓公困于長勺，疾據管仲、寧戚、隰朋，而匡天下。此皆困而知疾據賢人者也。夫困而不知疾據賢人而不亡者，未嘗有也。」以疾據賢人、解據于蒺藜，則借蒺爲疾。由此可悟易辭之比例。《漢書，儒林傳》稱韓嬰亦以易授人，推易意而爲之傳，於此可見其一端。余於其以疾解蒺，悟得經文以假借爲引申。（韓氏易）

由本段可知，焦循以假借說易的方式，確從《韓詩外傳》中，領悟而來。不過我們也因而很容易找出其中的錯誤：

第一：《韓詩外傳》之所以稱《外傳》，已明確告訴後人，非就本義而發，而是附會或過度引申本義的有意創作，因此焦循藉以立論之根源，已經靠不住了。

第二：通假是因為「其始書之也，倉卒無其字，或以音類比方假借為之趣於近之而已」（見前引），並不是明知本字寫法，而故意使用其他同音字，以造成微言大義。

然而焦循對他這一發現，卻頗為得意，《易通釋》中，隨處可見相關敍述。如〈速、疾、遄〉條下云：「易辭凡顛倒增損一字，俱未容以大略觀之。」〈祥、詳、羊、翔〉條下云：「易經傳以聲音假借為鈎貫，其例如此。」〈約、酌、豹、禴〉「易之辭，多用六書假借、轉注以為貫通。當於聲音訓詁間求之。」

焦循這一說解方式，也很受當時人的推崇，如阮元於《揅經室集》中，稱其：

深明乎九數之正負比例，書之假借轉注，而後使人執筆著書之本義，豁然大明於數千年後。聞所未聞者驚其奇，見所未見者服其正。卓然獨聞，確然不磨……元于嘉慶十九年夏，速郵過北湖里中，見君，問易法，君匆匆于終食間舉三十證語元，元即有聞道之喜。（〈焦氏雕菰樓易學序〉）

焦循於〈易通釋序〉中也提到：

循既學洞淵九容（數學）之術，乃以數之比例，求易之比例。向來所疑，漸能理解，初有所得，即就正於高郵王君伯申（引之），伯申以爲精鋭，鑿破混沌。

阮元撰有《經籍纂詁》、王引之撰有《經義述聞》，皆為當時名家，只不過同受限於清代的學術水平，因此有如許的推崇讚譽，是可以理解的。

清末以來，讚舉不輟，皮錫瑞認為近人說易，焦循為通學、能采漢儒之長而去其短。（卷一〈論近人說易張惠言為顓門焦循為通學學者當先觀二家書〉條）梁啟超列之為國學必讀書目；程石泉先生以為「深明乎歷代易學家之失……證之以易辭，無不條貫明當，是乃發千古之幽光，開後世之門徑。」（《雕菰樓易義》第一章導言）何澤恆先生也認為「里堂之易學，苟祛其表相，求其真，則不惟與漢儒不相侔，即在宋儒中，亦毋寧更近程伊川之《易傳》，而與朱子《易本義》之宗旨較相遠。」（《焦循易學三書探析》）以上的讚譽，想必都是未從小學入手，以致於有如此過度的推崇吧！否則，附會出來的學問，再怎麼好，也不過似空中樓閣，又如何能發千古之幽光，與程頤相比美呢？

參、焦循假借說易例釋

一、焦循假借說易的方式

焦循認為聖人作易時，費盡心思地大量使用假借字，以溝通卦與卦的旁通，爻與爻的升降。他在〈周易用假借論〉中說道：

> 古者命名辨物，近其聲即通其義……施諸易辭之比例引申，尤爲神妙矣！是故柏人之過，警於迫人；稊歸之地，原於姊歸；髮忽蒜而知算盡，屐露卯而識陰謀，即楊之通

揚，娣之通於稊也。梁簡文、沈約等集有藥名、將軍名、郡名等詩，唐權德輿詩云：「藩宣秉戎寄，衡石崇位勢，年紀信不留，弛張良自愧。」宣秉、石崇、紀信、張良，即箕子、帝乙之借也。陸龜蒙詩：「佳句成來誰不伏，神丹偷去亦須防，風前莫怪擕詩稿，本是吳吟盪槳郎。」伏神、防風、稿本；即蔟藜、莧陸之借也。温飛卿詩：「井底點燈深燭伊、共郎長行莫圍棋；玲瓏投子安紅豆，入骨相思知不知。」借燭爲屬，借圍棋爲違期，即借蚌爲邦、借鮒爲附之遺也。相思爲紅豆之名，長行爲雙陸之名，借爲男之行而女之思，即高尚其事爲逸民，匪躬之故爲臣節、借爲當位之高，失道之匪也。合艮手坤母而爲拇，合坎弓艮瓜而爲弧，即孔融之離合也。樽酒爲尊卑之尊，蔟藜爲遲疾之疾，即子夜之雙關也。

由本段引文，可大略分析成六類：第一類形音相近的假借；如柏之為迫，卯之為謀。第二類詞性轉換假借：如宣秉、石崇，紀信，張良。第三類承上合意的假借：如伏神、防風、稿本。第四類同義異名的假借：如相思為紅豆之名。第五類上下合義的假借：如合艮手坤母而為拇。第六類雙關互代的假借：如樽酒為尊卑之尊。

從以上六類看來，焦循確是求之太過，思之太深。後人之所以有如此多的假借方式，是由於文人挖空心思所作的奇言巧語。若說作易之時，便已有如此多的方式，祇怕附會成份居多。

二、焦循假借說易的商榷

甲．狗、拘相假借

焦循於《易通釋》〈狗、拘〉條下云：

> 狗即拘也，拘之義爲止，狗叩氣以守，亦取於止。經無拘，而傳言狗者，明經文假借之例。與馬、牛、豕、羊並言，則爲狗。不可云狗係之，則爲拘。

焦循認為《易傳》經傳，都是聖人所作，因此將經傳訓解一併討論。他主觀的認為，《易傳》經文的撰作時代與地理位置，已經有狗這樣的動物存在。於是經文中之所以未提「狗」這個字，必定有其用意，所以他找了二個證據來證明：〈說卦傳〉前云：「艮為狗」，後於艮又云「為狗」。虞仲翔云：「指屈伸制物，故為拘。拘舊作狗。」（同右）今考之如下：

其一，周易經文無狗字，有拘字，焦循將〈說卦傳〉和虞翻的解釋當作證據，是忽略了經文、傳文、漢魏易家的時代差異性，以及文明的演化。其二，郭沫若考訂周易時代社會生活發現，當時的農業並不發達，經文中僅在〈無妄六二爻辭〉有「不耕獲，不菑畬」一句有關耕種的話。至於耕種的器具、五穀的名目，卻一個字也沒有。此外，經文中雖有五個田字，但在田裏的卻是動物，如〈乾九二〉：「見龍在田」。〈師六五〉：「田有禽」。〈恆九四〉：「田無禽」。〈解九二〉：「田獲三狐」。〈巽六四〉：「田獲三品」。郭氏認為周易時代還處於漁獵畜牧鼎盛，而農業正待萌芽的階段。而狗之所以有「叩氣以守」、「取於止」必當是農業形成，居有定所，養狗看家，而引申有守、止的意思。以上的說明，配合郭氏的考訂，想來是相當合理的。（郭氏的考訂，見於《中國古代社會研究》）

乙·箕子借為荄茲

焦循〈周易補序〉云：

> 余撰《易學三書》漸有成，夏月、啟書塾北窗，與一二友人看竹中紅薇白菊，因言易及趙賓解箕子爲荄茲。或詡其說曰：「非王弼輩所能知也」。余笑而不答。或曰「何也？」余乃取王弼注指之曰：「弼之解箕子、正用趙賓說，孔穎達不能申明之也。」

焦氏於補疏卷二〈箕子之明夷〉條下，作有說明：

《釋文》云：「蜀才箕作其。」劉向云：「今易箕子作荄滋。」……《漢書，儒林傳》：「蜀人趙賓好小數書，後爲易，飾易文。以爲箕子明夷，陰陽氣亡箕子，箕子者，萬物方荄茲也。」古字箕即其，子通滋，滋通茲。王氏讀箕子爲其茲。故云：「險莫如茲，而在斯中。」以茲字解子字，以斯字解其字。

《易通釋》卷十三〈箕子之明夷，其子和之、得妾以箕子〉條下，更補充說道：

顧王弼於帝乙、高宗皆顯述之，而注中不言箕子，僅曰茲斯。弼之說即用賓之說而小變之。

今考之如下：

其一，箕子解為荄茲，最早是趙賓所提出的。而〈儒林傳〉也批評這種說解是「好小數書」、「飾易文」。焦循只顧著曲護己說，連歷史事實也置而不論了。

其二，王弼注：「險莫如茲，而在斯中。」意思應為「沒有比處在這樣惡劣環境中，還危險的」。王弼所謂的「茲」，並無「滋生」、「滋惡」的意思。

其三，王弼注未明言箕子，並不一定就認為無箕子其人。相反的王弼注經是承襲費氏易的系統，他們的方法是以十翼解經的。（這在我的另一篇文章《周易王弼注中的思想》已有說明。）而〈明夷〉的彖辭，便明顯指出了箕子其人：「內文明而外柔順，以蒙大難，文王以之……內難而能正其志，箕子以之。」句中以文王和箕子對比，可見箕子應為人名。

丙．祥、詳、羊、翔相互通假

焦循《易通釋》卷十〈祥、詳、羊、翔〉條下云：

〈履上九〉：「視履考祥」。吉祥字通作羊，考祥即考羊也……不可云考羊故借作祥……祥有吉義……當位吉，則變羊而稱祥……失道不吉，第爲羝羊，而不可爲祥，此假借中取義之妙色。

經傳文字的相互假借，是焦循旁通升降説，能否貫通的重要憑藉。焦循認為聖人作《易》辭時，此卦旁通為彼卦，若當位，則用祥字，不當位則用羊字，是按爻義來借字的。今考之如下：

其一，《易經》經文中，羊字凡五見，即〈大壯九三〉：「羝羊觸藩。」〈大壯六五〉：「喪羊于易。」〈大壯上六〉：「羝羊觸藩。」〈夬九四〉：「牽羊悔亡。」〈歸妹上六〉：「士刲羊無血。」此五處之羊字，皆為動物名，不可借為吉祥的祥。

其二，引文中認為，用羊字而不用祥字，是由於卦爻不當位的緣故。則〈旅上九〉：「喪牛于易」，與「喪羊于易」句式相同，理應解法相同。而焦循並未對「喪牛于易」的牛字，作一妥善的假借。

其三，羊的正確解釋，便是動物名。無需另有當位則祥，不當位則羊的另一層轉折。王國維於〈殷卜辭所見先公先王考〉一文裡，引《山海經大荒東經》、《郭璞山海經引真本竹書紀年》、《楚辭天問》，證明了商的先祖有名為王亥者，在有易這個地方，為當地人所殺，並被奪走牛、羊。可見這兩句爻辭，是借用史實來說明爻義，而非另有微言大義。（按顧頡剛〈周易卦爻辭中的故事〉亦收錄本段故事。又王亥其人，羅振玉《殷墟書契考釋》也有詳細考訂。）

我們從以上所舉的甲、乙、丙三個例子，可以清楚看到焦循的假借說易，根本是附會出來的。附會理由是焦循想為他的易學理論，找出超越前人，且直承聖人之意的方法。而當時古音之學研究正盛，天文曆算學也漸精密，於是焦循便在這兩項基礎上，來建構他的一家之學。從好的方面來說，他要比漢儒的解易方式，有條理，也較有憑據。至少，本文在考證焦循認為是假借字的上古音時，發現它們的關係、除了聲調略有出入外，不是同音，就是同部，這也可看出焦循治學的謹嚴。

肆、結論——對焦循假借說易的批評

焦循運用清代學術中最具代表性的小學，來建構一己的學說，不僅備受當時碩學大儒的推崇，即今人也稱譽有加。若未仔細觀察，是很容易被他富數理邏輯的相互引證，及頗具古音知識的假面外表所矇騙。不過焦循本人並不是有意如此，而是當時的人都把假借和通假，當成同一件事。所以焦循以此立論，還以為深契聖人之旨；阮元、王引之看了焦循的著作，也自以為找到印證自己學說的作品。又那裡料得到假借是有意去造它，而通假卻是無意間隨時可能出現的呢？今總結焦循學說的誤失，有以下幾項：

一、小學方面

其一，假借這個詞彙是漢儒在分析古代造字方法時，所出現的名詞。而這種分類法是漢儒才開始的。況且字的分類也可能因分析角度不同，而有不同分法。如龍宇純先生便以形、音、義的結合方式，將中國文字重新劃分為八類。因此，卦爻辭出現的時代，是否已有意識將文字分類，又是否和漢儒分法相同，恐怕是有很大的問題。

其二，古籍中的通假字，並不是明知此字寫法，而故意找其他同音字寫上，以寄託微言大義的。而是一時想不起來，才用他字暫代的。（董同龢認為古人用字也不嚴謹）。

二、易經方面

其一，《易經》的〈卦辭〉、〈爻辭〉、〈十翼〉，完成時間各有距離。甚至十翼的內容，也不是同時完成。而焦循卻認為〈十翼〉的解釋，便是卦爻辭的原意，甚至使用漢儒的訓解解説卦爻辭，還説成是聖人有意用通假的方式，來寄託微言、闡明旁通升降，明顯的是他忽略了時代性，不然便是有意的曲説附會。

其二，焦循在《易通釋》二十卷的説解中，經常是為求旁通後能説解順暢，而有此條以王弼説駁倒虞翻，下一條卻反以虞翻駁倒王弼。甚至有捨置象辭解説不用、而用異説的（如箕子為荄茲）。這正好和他認為聖人所作必有微言大義的主張相違背。（他認定〈十翼〉為孔子作）

由以上兩方的四點論證，我們敢對焦循的學説下一斷語：與其稱為假借説〈易〉，不如稱為附會説〈易〉，還比較符合實情。柯紹忞《續修四庫提要，周易補疏》條下説他：「自命太高，而視古人太淺」。朱駿聲〈書焦孝廉循易圖略後〉也認為：「《雕菰樓易學》一書，以九章之正負比例為易意，以六書之假借轉注為易詞。雖其間不無心得，而傅會難通者十居八九。」由此看來，本文的撰作還是有其價值的。

註釋

❶「假借說易」這個名詞是借用皮錫瑞在《經學通論》卷一〈易經通論〉裡，對焦循運用假借解說易經方式的稱呼。

❷六書中的假借和古籍中的通假，都是使用同一個同音或音近字，來代表另一個語詞，只不過前者是為了補造字的不足，而後者卻是為了書寫時偶然的方便。

❸錢大昕：「古人因文字而定聲音，因聲音而得訓詁，其理一以貫之」。
戴　震：「六經字多假借，音聲失而假借之意何以得?故訓音聲，相為表裡」。
段玉裁：「治經莫重於得義，得義莫切於得音」。
王念孫：「墨守成訓而尠會通，易簡之理既失，而大道多歧矣」。
王引之：「詁訓之旨，存乎聲音，字之聲同聲近者、經傳往往假借。學者以聲求義，破其假借之字，而讀以本字，則渙然冰釋」。
朱駿聲：「不知假借者，不可與讀古書；不明古音者；不足以識假借」。

❹引用王引之的話，見註三。

❺高本漢〈先秦文獻假借字例緒論〉中提到，即使兩個字的韻母同音或音近，它們的聲母仍必須是在同一類中，才有可能被假借，如聲母為脣音的字，便僅在脣音各組中，尋找韻母相同或音近來假借，不會借到齒音系，喉音系等不同聲類上去。

❻有關假借與通假的區別，胡楚生先生在〈訓詁學大綱〉，第七章中有詳細分析。

❼ 焦循著作中的〈易話〉：〈易廣記〉，筆者遍尋不得，實感缺憾。本條資料，乃轉引自皮錫瑞〈經學通論〉卷一〈易經通論。論焦循以假借說易本於韓詩發〉人所未發條。

❽ 董同龢〈假借字的問題〉：「什麼語詞用什麼字來代表，古人不如近代人嚴格，當某字比較異乎尋常的只以音的關係代表某語詞時，他就是假借字」。

從《讀易私言》看許衡的處世之道

宋元之際，北傳的程朱理學，已逐步形成自己的特點。當時有趙復從事講學活動，並初步建立學問師承體系，為北方理學奠定基礎❶。而許衡便是元初北方學者中，接受趙復理學思想的突出代表。他所創立的魯齋學派，成為北方理學的大宗，而他本人也被尊為元代理學宗師❷。

壹、《讀易私言》的研究價值

《讀易私言》的研究價值，可從兩方面加以說明：㈠是元代易學的傳承。㈡是許衡思想的寓寄。

從第一點來說，元世祖忽必略入主中原，取《易經》「乾元」之意，建國號為大元❸。致使《易經》在元代具有崇高的地位，為士子所必讀之書。其後科舉選士，又明定《易經》部分，以程朱本為主，在功名利祿的驅使下，天下士子風隨影從，於是確立元代易學走向義理的道路❹。而許衡以元初大家的身分，作《讀易私言》昭示後學，其所代表的意義，不言可喻。

從第二點來說，許衡的理學思想，主要表現在《讀易私言》及《語錄》中❺。而《語錄》為雜記式內容，思想上較零散而無統一性❻。反觀《讀易私言》則具有完整的構思，與一貫的脈絡。在研究上自較《語錄》容易掌握重點。此外，一個人的思想，受時代脈動影響很大。元以外族入主中國，士人自處之道，便是首先遭遇的課題。許衡身為元代理學宗師，他的出處進退，自會影響當時士風。而《讀易私言》便是許衡藉闡釋六爻德位，申明當位、趨時、得中的涵義，以為自己仕異族提出合理解釋。

由以上說明可知，欲研究元代理學，必先研究許衡，而研究許衡又不得不以《讀易私言》為首要入手資料。則其研究價值是可以肯定的。

貳、《讀易私言》的易學觀點——兼論其處世之道

許衡在《易經》方面，初學王弼，後從趙復弟子姚樞處抄得《伊川易傳》，而學思大進❼。據《元史．許衡傳》：

> 既避難徂徠山，始得《易》王輔嗣說。時兵亂中，衡夜思晝誦，身體而力踐之，言動

必揆諸義而後發：往來河洛間，從柳城姚樞得伊洛程氏，及新安朱氏書，益大有得。[8]

據前引可知，許衡的易學基礎，是建立在王弼《易注》，而大成於伊川《易傳》。因此，在討論《讀易私言》時，有必要將王弼《易注》及伊川《易傳》中相關思想作一比較。以下分爻位論、時中論二點加以說明。

一、爻位論

王弼的爻位論，見於《周易略例，辯位篇》，內容多從《十翼》而來，今分析本篇特點如下：

1. 爻之所處稱為位，所以六爻皆有上下尊卑之位。
2. 初爻、上爻沒有陰陽定位。二四爻、三五爻則同功而異位。
3. 陽位為尊、陰位為卑。[9]

程頤的爻位論，則散見於爻辭傳注中，大體上和王弼的主張相同。惟解爻位，另從人事爵祿的角度作說明。以〈乾卦〉為例：[10]

1.〈初九〉爻下注：「聖人側微，若龍之潛隱，未可自用，當晦養以待時。」

2.〈九二〉爻下注：「以聖人言之，舜之田漁時也。」

3.〈九三〉爻下注：「三雖臣位，已在下體之上，未離於下而尊顯者也，舜之玄德升聞時也。」

4.〈九四〉爻下注：「聖人之動，無不時也，舜之歷試時也。」

5.〈九五〉爻下注：「進位乎天(子)位也。」

6.〈上九〉爻下注：「九五者，位之極中正者，得時之極，過此則亢矣！」

由前舉可知，程頤注解〈乾卦爻辭〉，明顯是以舜的爵位歷程，作配合說明的。

許衡在爻位論上，則兼採二家之說。如他論初爻、上爻說：

初，位之下，事之始也。以陽居之，才可以有爲矣，或恐其不安於分也。以陰居之，不患其過越矣，或恐其軟弱昏滯，未足以趨時也……柔弱則難濟，剛健則易行……居初者易貞，居上者難貞。易貞者，由其所適之道多；難貞者，以其所處之位極……故六十四卦初爻，多得免咎，而上每有不可救者⓫。

這段話中，許衡以才用的觀點來說明初上爻的特色。陽爻居於初位，正如才德兼具之人，作事謀始，積極求進，但又怕他會不知守分以自保。陰爻居於初位，恰似才德不足之人，準備用世，此時祇怕他不夠積極、猶豫不決、耽誤時機。這是就初位的二種不同情形作比較，若以初位、上位相比[12]：居於下位，可積極求進，可消極應世，所以文中說：「居初者易貞……易貞者，由其所適之道多。」而居於上位，已有窮極之憾，這時不論才用優劣，都難以有所作為，所以文中說：「居上者難貞……難貞者，以其所處之位極。」

許衡身處朝代更替的時期，又是異族統治的情況下，可以選擇不仕異族，歸隱山林；也可以當作另一循環的開始，積極應世。選擇前者，就像易卦上爻；選擇後者，就如易卦初爻。而許衡選擇了後者，一方面是對自己能力的肯定，一方面是想承傳聖道於異代。我們可以從當時及後人對許衡的評價，看出端倪，《元史．許衡傳》：

> （許衡）慨然以道爲己任，嘗語人曰：「綱常不可一日而亡於天下。苟在上者，無以任之，則下之任也。」[13]

《魯齋全書》卷二引楊維禎《正統辨》：

> 魯齋先生中統元年，應召赴都。道謁靜修先生。因謂曰：「公一聘而起，毋乃太速乎？」曰：「不如此則道不行。」[14]

又引耶律有尚曰：

建元以來，十被召旨，未嘗不起。然卒不肯枉尺直尋而去。每入對，則衆皆注意而聽之。衛士舉手曰：「是欲澤被生民者也。」⓯

可知許衡仕異朝，並非貪慕富貴功名，而是志在傳承聖道，扶植名教，進而使施政者能「澤被生民」。明儒薛瑄甚至認為許衡的行徑與心態，堪與孔子周遊列國，以求用世時相比。⓰

此外，易卦二三四爻，屬於臣位，五爻則為君位，所以二三四五爻整體看來，就是君臣間的對待關係：

四，近君之臣也；二，遠君之臣也……此二之所以多譽，四之所以多懼也。⓱

卦爻六位，唯三爲難處，蓋上下之交，內外之際，非平易安和之所也。⓲

四之位，近君多懼之地也。以柔居之，則有順從之美，以剛居之，則有僭逼之嫌。然又須問居五者陰邪？陽邪？以陰承陽（指四爻爲陰、五爻爲陽），則得於君而勢順。以陽承陰（指四爻爲陽，五爻爲陰），則得於君而勢逆。勢順則無不可也，勢逆則尤忌上行，上行則凶咎必至。[19]

以爵位來看，二爻為地方官員，三爻為州郡首長，四爻為中央大臣。從二爻來說，地方官員，轄地不廣，略具才德，用心施政，就能日起有功。所以文中說：「二，遠君之臣也……此二之所以多譽。」從三爻來說，一方之長，對上須承宣教化，對下須恩被百姓，分寸的掌握，頗費斟酌，所以文中說：「上下之交，內外之際，非平易安和之所也。」從四爻來看，中央大臣，為近君之位，過於陽剛，便有僭逼之嫌，故四爻之位，須以敦柔之人居之，才能得君而勢順。

許衡任元朝之臣，地或遠或近，位或高或低，都能謹守人臣分際，明出處進退。今觀《行實》所載：許衡五次應召，多因與國君意見不合而辭官罷去。[20]再細讀《讀易私言》中，所申明的人臣出處之道，確實符合《元史》所說：「（得《易》）夜思晝誦，身體而力踐之，言動必揆諸義而後發。」[21]言下之意，易卦爻位變動的關係，不正是許衡據以為出處應就的標準嗎！

二、時中論

《易經》昭示後人的道理，即在教人乘易道之變以行事，教人變而不失其正。換言之，即趨時、得中的涵義。儒家思想，頗重「時」義，《十翼》中的〈彖傳〉便多用「時」、「時義」、「時用」來說明卦德。如「頤之時大矣哉」、「大過之時大矣哉」、「解之時大矣哉」、「革之時大矣哉」、「豫之時義大矣哉」、「隨之時義大矣哉」、「遯之時義大矣哉」、「姤之時義大矣哉」、「睽之時用大矣哉」、「蹇之時用大矣哉」。「時」是求宜，而宜便是無過不及的中道。所以「時」還須以「中」作標準。〈彖〉〈象〉提到「中」的也很多。如〈彖傳〉：「以剛中正」、「剛中而應」、「柔得中而上行」、「往得中也」、〈象傳〉：「得中道也」、「中有慶也」、「居位中也」，來解釋並發揮《易經》的中道思想。

王弼在《略例·明爻通變》便提出：「卦以存時，爻以示變。」[22]所謂「變」，就是要合於「中」。程頤《易傳》在這點上，也多有發揮：如〈大過九三爻傳〉：「言易者，貴乎識勢之重輕，時之變易！」[23]又如〈恆九二爻傳〉：「能恆久於中，則不失正矣。中重於正。中則正矣，正不必中矣！」[24]這裏所說的「正」是指爻位的正。然而位正與否，卻會因「時」的變易，而有不同。所以必須要順時，能順時才有處中的可能。既安時又處中，君子自能無入而不自得。

許衡便是深明「時」、「中」之道的人。元人入主中原，這是「時」的變易。此刻高尚其志，不事異朝，可稱得上「正」，但「正」卻不一定能得「中」。因為不事異朝，雖然能得己行之正，但在蒙古人的統治下，儒學道統的傳承，及淑世濟人觀點的發揮，都可能被誤解、打壓而致偏頗。因此個人之正，換來的可能是天下之偏。所以許衡毅然出來扶植天下名教。讓元人入主之「時」，仍能得道之「中」。表現在《讀易私言》上，也是以個人出處能否合於「時」、「中」立說：

> 二、中位，陰陽處之，皆爲得中。中者，不偏不倚，無過不及之謂。其才若此，故於時義爲易合。時義既合，則吉可斷矣……凡爲陽者，本吉也。陽雖本吉，不得其正，則有害乎其吉矣。雖得正矣，不及其中，亦末可保其吉也。必也，當位、居中、能趨時義，然後其吉乃定。[25]

人生在世，皆有其分位，居此分位，能否得吉，首先取決於位正與否。位已經得正，接著便觀察處世是否趨時合中。今舉〈考歲略〉所載，以明許衡深體此意：

> （魯齋爲國子祭酒）諸生廩餼不繼……又權臣屢毀漢法。四月召赴上都議事。面請還鄉里。上命衆議其去留。雪齋云：「先生出處，關時世之污隆。我輩不可強之。先生自處審矣。」[26]

這段是元臣姚樞對皇帝及朝臣所說的話，話中表明許衡是深知出處之道的人。其後元帝也准其請辭。再以攻打南宋為例：

> 上欲遂有江南。先生以爲不可。其辭甚秘。㉗
> 魯齋不對伐宋之謀。伐國不問仁人之意也。㉘

許衡為元臣，理應效忠元帝。然而伐國是不仁之事，不仁之問，當然不回答，以免陷君於不義。在這件事中，元臣為「位」、伐宋是情勢，是「時」，而先生不對，是「中」。由此可知許衡自處之道。

三、結語

許衡仕於元朝，維繫儒學不墜，確實有其貢獻。然而後儒也多有不能諒解者，甚且視為儒者之恥。如王夫之便以自己不仕清廷的原則，來責備許衡㉙。

事實上，蒙古人入主中原，整個時代環境已發生巨大變化。許衡為順應「時」勢，採取的立場，便是等同看待漢人與蒙古人，或者應說是等同看待天下各族人。例如他在解釋

《易·同人卦》：「同人于宗，吝；同人于野，亨。」說：

同人于宗，同者幾人？則其所失者多矣，所以孤立無援。人要與天下同，何必同宗㉚。

又許衡於〈病中雜言〉詩中，也提出民族平等觀點：

直須眼孔大如輪，照得前途遠更真，光景百年都是我，華夷千載亦皆人㉛。

這是身處北方士人，所產生的新夷夏觀。首先便是大家同等對待，接著才能要求華夷各安其分，不相爭勝。話雖如此，然許衡面對的並非平等對待，而是夷狄勝中國的局面。在這客觀現實下，許衡的態度是「素夷狄行乎夷狄」。〈中庸直解〉云：

見在夷狄，便行那夷狄所當爲之事。君子身處夷狄之間，惟爲其所當爲，隨其身之所寓，坦然安舒，無所入而不自得㉜。

在這段話中，儒家謹夷夏之防的主張，已被許衡轉為君子可與夷狄為伍。這實際上也是時代的演化趨勢。

不過，與夷狄為伍，仍是有其分際的。即須「為其所當為」，所謂「當為」，是引導外族接受中華文化。因為「夷夏之防」就在文化的差異性。所以許衡在朝，除了傳承理學，使聖道不墜外，主要努力方向，便是助元世祖「行漢法」。也就是助國君採用中國禮樂典章制度。並在〈時務五事〉中，㉝向忽必略疏陳「行漢法」的必要性和方法步驟。由此看來，王夫之對許衡的批評，恐怕是過於嚴苛，以致未有相應了解。

本文開頭便說明，《讀易私言》是許衡言行思想所寄。而《讀易私言》中的重點，便在「位」、「時」、「中」三個字。以許衡仕元朝來看，身處朝代更替，異族入主，這是「位」。居於客觀現實，與夷狄為伍，這是「時」。而行漢法，使華夷的文化差異性減輕，便是「中」。所以，從《讀易私言》入手，以研究許衡的出處，確是有其價值與意義的。

（本文曾發表於政大《中華學苑》第四十三期）

註釋

❶《元史·趙復傳》、《宋元學案》、皮錫瑞《經學歷史》，俱稱趙復首傳理學於北方。元儒郝經《與漢上先生論性書》，也提到伊洛二程之學，南傳至閩，其後又由趙復載其學，泛入於三晉、齊、魯，以至燕雲、遼海。關於趙復的生平、學行，史載資料不多。元代以來各家述及趙復生平，多本於姚燧〈序江漢先生死生〉一文（見《元文類》卷三十四。

❷《宋元學案·魯齋學案》：「河北之學，傳自江漢先生……而魯齋其大宗也，元時實賴之。」徐遠和《洛學源流》第十一章第三節：「在趙復影響下，轉向程朱理學而又有建樹的北方學者，首推許衡……他本人被稱為元代理學宗師。」（頁三五二）

❸見《元史》卷七〈世祖本紀〉，至元八年詔。

❹徐芹庭《易學源流》下，第拾壹章〈元代之易學〉：「元代以蒙古人入主中原，先則不重視學術，後亦行科舉取士，而易用程朱，兼及王孔注疏……要之程朱易學蔚為元代易學之主流。」（貝七八五）又「元代易學承宋代易學之遺緒，雖象數、義理、圖書兼有，而尤重義理。義理中以程朱易學為主流。」（頁七八七）

❺羅光《中國哲學思想史·元明篇》第三章〈北方理學家〉：「許衡……對於理學的性理思想……所有講述，散見在《語錄》和《讀易私言》兩卷裏。」（頁五六、五七）

❻《魯齋全書》卷二引許衡之子師可曰：「《四箴説》、《中庸説》、《語錄》等書，乃雜出於眾手，非完書也。」（頁八八）

❼《魯齋全書》卷二引〈考歲略〉：「壬寅，雪齋（姚樞）隱蘇門，傳伊洛之學於南士趙仁甫（復）先生。（許衡）即詣蘇門訪求之。得《伊川易傳》、晦庵《論》《孟》集註、《中庸》、《大學》章句、《或問》、小學等書，讀之，深有默契於中，遂一一手寫以還。」（頁六九）由此可見許衡所抄錄「易」書，僅及伊川，不及朱熹。

❽《元史》卷一五八，頁一七七〇上右。

❾王弼《略例・辯位》：「〈象〉無初上得位、失位之文，又〈繫辭〉但論三五、二四同功異位，亦不及初上……然則初上者……無陰陽定位也……夫位者，列貴賤之地，待才用之宅也。爻者，守位分之任，應貴賤之序者也。位有尊卑，爻有陰陽。尊者，陽之所處；卑者，陰之所履也，故以尊為陽位、卑為陰位。」頁六一三。

❿《易程傳》卷一，頁三—四。

⓫《魯齋全書》卷四，頁二一八—二一九。

⓬許衡仍採初爻、上爻無位之說，故以二者相比較。

⓭同註❽。

⓮《魯齋全書》卷二，頁一〇五。

⓯同註⓮，頁六十五。又據《全書》卷二〈行實〉所引，許衡去就年月如下：元中統元年五月，應召北上。二年五月授太子太保，力辭不受，改國子祭酒。九月以疾辭歸。三年九月應召北上。至元元年正月辭歸。二年十月應召北上。詔入省議事。四年正月辭歸。十一月應召北上奉定官制。七年正月拜中書左丞，力辭不允。八年四月改集賢大學士兼國子祭酒。七月以遷葬辭歸。十三年七月應召北上，俻授時曆。十五年三月授集賢大學士兼教領太史院事。十七年春曆成，八月辭歸。十八年三

月薨。以上辭就，共計五次，並非耶律有尚所云「十被召旨」。見卷二，頁四一—四二。

⑯ 卷二引薛文清公云：「視富貴如浮雲，許魯齋其人也。」又曰：「魯齋……朱子之後，一人而已。」又曰：「魯齋，召之未嘗不往，往則未嘗不辭，善學孔子者也。」又曰：「魯齋出處合乎聖人之道。」又曰：「魯齋以王道望其君，不合則去。未嘗少貶以徇世，真聖人之學也。」頁一〇一—一〇三。

⑰ 同⑪，頁二三一。

⑱ 同⑪，頁二三七—二三八。

⑲ 同⑪，頁二三九。

⑳ 同⑮。

㉑ 同❽。

㉒ 同❾，頁五九七。

㉓ 同❿，卷三，頁一二四。

㉔ 同❿，卷四，頁一四三。

㉕ 同⑰。

㉖ 同❼，頁八三—八四。

㉗ 同㉖。

㉘ 同⑯，頁一〇三。

㉙ 《讀通鑑論》：「鬻詩書禮樂於夷類之廷者，其國之妖也。其理逆，其文詭，其言淫……而為儒者之恥。姚樞、許衡，實先之矣。」

㉚《魯齋心法》，頁二三。

㉛《魯齋全書》卷六，〈病中雜言·其六〉，頁三二九。

㉜同㉛，卷三，頁一六〇。

㉝〈時務五事〉見《魯齋全書》卷三，頁一六一－一九四。

吳派惠氏父子易學成就略述

壹、清代以前易學流變概說

《易經》八卦的起源問題，至今學界仍無共識，或說是伏羲根據《河圖》、《洛書》畫出來的（繫辭上傳）；或說是伏羲仰觀天象，俯察地理，近取諸身，遠取諸物而作的（繫辭下傳）；或說八卦即上古文字（易緯乾鑿度）。甚至有說八卦為結繩記數的符號；或云剛柔兩畫，象陰陽二氣；三爻位，象天地人三才等。各種說法，有的過於神化，有的陳義過高，更有的於古無稽，但也都有支持者，一時難辨真偽。然而《易經》的性質，近於占筮，則是可以肯定的。古人有事，疑而不決，便付之占筮。而巫師為人分析事情，論斷吉凶，時或隨手記錄，以備日後參考驗證，最後經有心人勒為一編，於是卦爻辭便出現了。占筮之事，若視為迷信，則《周易》不過是古代筮書，價值便大打折扣。幸而有《十翼》出，《易經》才具有相當的哲學意義。因此本節討論的上限，也以先秦為斷。

從先秦的文獻來看，《易經》的說解已明顯分為兩路。如《國語》、《左傳》引用《周易》大多是取其占筮功能。但《左氏昭公二年傳》載韓宣子聘魯，盛贊《易象》與《魯春秋》為「周禮盡在魯矣」，則《易象》又有禮教文化的功用在。其後《莊子天下篇》說「易以道陰陽」，《荀子大略篇》講「易之咸見夫婦」，《禮記經解》講「絜靜精微，易之教也。」顯然，已不把《周易》當成卜筮之書。再如《十翼》中〈彖〉、〈象〉並存，後儒也兼用互補以解《易》，這正意味著「取象說」和「取義說」，各有所長，各擁勢力。

漢人繼承此一傳統，對《易經》也分取象、取義二大趨勢。如「卦氣」、「納甲」、「爻辰」、「互體」等，便是取象方面的發揮；以《易》為六經之源，兼明人事變化道理，便是取義方面的發揮。這也是後來「象數易」和「義理易」對立的開始。「象數易」以孟喜、施讎、京房等人為代表，由於都立於學官，因此勢力最大，學生也最多，是漢易的主流。他們在治易方法上的共同點，是著重於卦象的變化，或對某些數字做特定的研究，以說明易象。他們認為自然界和人類社會的發展變化，都可從卦象與卦數推演出來。認為八卦即是宇宙的一個縮影，掌握了八卦的變化律則，就可以明國家治亂，決人間禍福。另一系為「義理易」，是以費直為代表。他們不重視卦象和數字，不講卦氣和陰陽災變，而是根據《十翼》來解上下經。由於這一派並未躋升官學，故在當時的影響，比「象數派」要小得多。

魏晉至隋唐時期，易學發展的特色，便是一反漢代象數易的煩瑣，而另闢新境。本期的發展，大分有四派：第一派傾向於漢易，繼續用象數解易。如曹魏時的管輅、東晉時的孫盛，及唐代編《周易集解》的李鼎祚等。第二派是以老莊解易，置象數不論，而開創玄學式的易學。代表人物有王肅、王弼、韓康伯等。唐代孔穎達推崇此派，將此派學說列於《五經正義》中，於是此派成為官學系統，學風大盛。第三派易學則與佛學相混。佛學名相，本難了解，外來文化，一時也不容易深植中土。於是一些有心的佛教徒和佛學家，便援引玄學家的理論來闡釋佛學。而玄學理論的基礎，便是老莊和《易傳》，於是以《易傳》來解說佛教教義，使佛、易之學相融合的作品，就出現了。梁武帝蕭衍，是此派的倡導者。唐代佛學大盛，著作也多了起來，如宗密作《原人論》，以漢易理論解釋佛教理論；李通玄以玄理易解釋華嚴宗教義等，可為代表。第四派則是易學與道教相結合。兩漢時期的易學，隱約有黃老思想參雜其中，至東漢魏伯陽著《周易參同契》，此派已經成形。東晉的葛洪，唐代的道教徒，都借助《周易》理論來宣揚教義、實行煉丹等。此外，他們還根據《周易》卦象，及漢易中的陰陽五行說、元氣說等理論，創制出一套世界圖式，以為道教宇宙觀的理論基礎，如《道藏》中的〈上方大洞真元妙經圖〉，即以太極為天地之本。總而言之，玄理派易學，雖為本期主流，但象數派易學，也並未中絕。佛學易與道教易中，也吸收不少象數易理論。

宋代是中國古代易學發展的重要階段。當時易學派別繁多，理學家們，無不藉《周易》以立說，或為《周易》作傳注。其間原因，主要在思想系統的重建上。由於佛教在唐代獲得很大發展，對學術思想領域，也產生很大的影響；同樣，道教影響雖不及佛學，但都有壓過儒學的傾向。這種情形，使以正統自居的儒者們感到威脅。遠自梁范縝、唐韓愈，便積極排斥佛老。宋儒為與佛、道哲理相抗，自不得不提升儒學的哲理內涵。而《易傳》、《中庸》、《大學》，正可為理學家們提供一個，能發展成反映儒學思想、哲學體系的基礎架構。因此我們可以說，宋代《易》學的基本特徵，是以探求《易經》哲理為宗旨，而最後目的，則是把《周易》義理，高度哲學化。這種傾向，不僅表現在義理派易學家的著作上（如張載、二程），即象數派也注重《易經》的哲理化。如劉牧提出圖九、書十說，解釋河圖洛書的根源問題；並作《易數鉤隱圖》，以五行生成來說明易理，以數字的排列組合所構造的圖式，來解釋宇宙現象等。這種趨勢也一直延伸到元代。

明清時期易學的發展，與當時思想文化的主潮是相應的。從《四庫總目提要》，及《續四庫提要》，可知明代的易學著作近二百種、清代則有四百六十多種。其中可大分為二個階段：一是宋易階段，由明初至清初。一是漢易階段，從清全盛期至清末。宋易階段，又可分為象數易學，及義理易學。象數派專以圖書解易；義理派則反對圖書之學，而著重於經傳文辭中的義理。雖然二派相互對立，但因經傳以明道，不追求文字訓詁方面的解釋，不停留於圖書象數上，而把它們當做闡發性理的工具，則是一致的。而漢易的時期，則是用輯佚、校勘、考據的方法來治易，它固然不同於富含哲理的宋易，也有異於歷史上的漢代易學。傳統的漢代易學，充斥著陰陽災異和天人感應。而清代漢易的主流卻是排斥迷信的。它所倡導的是實事求是，雖免不了談及爻辰、卦變，甚至於讖緯。但也旨在祖述，其目的就在恢復歷史之真罷了。

從派別來說，明初胡廣的《周易大全》、明中葉蔡清的《易經蒙引》、明末清初孫奇逢的《讀易大旨》、王夫之的《周易裨疏》、《周易內外傳》、李光地的《周易折中》，可為義理派的代表。其中尤以王夫之的理論思維最為縝密。象數易方面，則明中葉，來知德的《周易集注》。明末清初，黃道周的《易象正》、方以智的《東西均》、《易餘》，可為代表。其中以來知德集象數易大成，名聲較著。

至於以考據治易的形成，可上溯至清初顧炎武的《易本音》。而開圖書辨偽風氣的，則是黃宗羲、黃宗炎兄弟的《易學象數論》、《圖書辨惑》。由於他們對周敦頤、邵雍圖書學的抨擊，連帶也動搖朱熹易學的權威性，客觀上來說，正為清代易學取代宋易，創造很好的條件。其後毛奇齡作《河圖洛書原舛篇》、胡渭作《易圖明辨》，給宋明易學最後一擊，使得清代易學得以另闢新境，蓬勃發展。從此以後，言易者，不僅不尊邵、周；即對王、韓、程、朱也深為不滿。其發展略可分二途，一即以發掘、整理，並推演漢易為重點，可稱為漢易文獻派。惠棟堪為典型代表，由於他篤信漢學，故治易皆以漢人之說為標準。所著《易漢學》、《周易述》、《新本鄭氏周易》，確實恢復不少漢代易學原貌。其後有張惠言繼起，專治虞翻易，使家法明了，於漢易也頗有貢獻。惟此派多以纘述為主，實際的創作發揮並不多。另一派則是以數學、語言學的新成就來治易，可稱為象數創新派。其代表則為焦循。他治易主張「實測」，用所謂的「天元術」，說明卦爻的運動，並用轉注、假借以溝通經文，而發明所謂「旁通」、「時行」、「相錯」三法來解易。其優點是另創新說，為易學闢途；其缺點則是附會居多，增加易學的新花樣。因此嚴格說來，真能代表清代樸實學風之易學者，祇有惠棟所領導的吳派易學。

貳、吳派的易學著作

吳派學者中，有易學作品者如下：惠周惕《易傳》、惠士奇《易說》、惠棟《周易述》、《易漢學》、《周易本義辨證》、《新本鄭氏周易》、《易微言》等，另有江藩作《周易述補》。惠周惕的《易傳》，祇聞其名，不見其書，本文第三章已有說明。而江藩的《周易述補》，則是續成惠棟《周易述》的作品❶。

一、惠士奇：《易說》

《易說》共計六卷，本書的撰寫方式，是雜釋卦文。內容則是專宗漢學，以象為主。宗旨上則有意力矯王弼以來，空言說經之弊。他說：

> 易始於伏羲，盛於文王，大備於孔子，而其說猶存於漢。不明孔子之易，不足與言文王；不明文王之易，不足與言伏羲。舍文王、孔子之易，而遠問伏羲，吾不知之矣❷。

這一段主在批評宋儒易學的先後天易說。此說根據《宋史朱震傳》，是陳摶傳种放、种放傳穆修、穆修傳李之才，李之才傳邵雍，然後蔚為宋易主流之一。邵雍認為，以乾、坤、坎、離為四正卦的圖式，是伏羲所畫的，稱之為先天圖；而漢易中，以坎、離、震、兌為四正卦的圖式，是文王推演伏羲易而成的，稱之為後天圖。邵雍之學是崇尚先天圖，而看輕後天圖的。因而邵雍易學，又被稱為先天易學。由於重先天易學，於是重點全在於數量的變化，而對於卦爻辭、及傳注，便棄而不論。這也就是惠士奇的批評所在。黃宗炎的〈先天卦圖辨〉，也指出邵雍此說，實源於《周易參同契》，而其內容即為鍊丹理論的推衍。並且說他不以《周易》經傳為依據，便妄言可直接伏羲，是對《周易》歷史面貌的扭曲。由此可證，惠士奇此說，是頗有其價值的。他又提到：

漢儒言《易》，如孟喜以卦氣，京房以通變，荀爽以升降，鄭康成以爻辰，虞翻以納甲。其說不同，而指歸則一，皆不可廢。今所傳之易，出自費直。費氏本古文，王弼盡改爲俗書，又創爲虛象之說，遂舉漢學而空之，而古學亡矣。易者象也，聖人觀象而繫辭，君子觀象而玩辭，六十四卦皆實象，安得虛哉❸。

這是指責王弼掃象譏互，盡棄漢易的不當。曹魏時期，以道家玄理，解釋儒家典籍的風氣，正逐漸形成。而王弼便是從兩漢象數易，轉向老莊玄理易的關鍵人物。此外，王弼還承繼古文派經師王肅對《易經》的見解。王肅的《周易注》，乃上承費氏易傳統而來，偏重義理，並從《易傳》的觀點來解經，絲毫不談互體、卦氣、卦變、納甲等漢易內容。而這種見解便影響了王弼，因此王弼也不談互體等學說。

惠士奇則認為，漢儒所談的易學，不論用什麼方法以解易，都是上承《十翼》而來，而《十翼》為孔門之學，又如何能棄而不論？因此他在引文中，指出王弼注的二個缺失、即改費氏之古文，致多俗字；以及用老莊說易，漢視古聖相傳的易象。

惠士奇既反對以空言說經，故而《易說》中的徵引，便極為龐博，以致於有蕪雜、好奇之失。《四庫提要》已指出其中數點：

如釋〈訟卦〉，引荀爽說訟之言凶也，則以丹朱之嚚訟爲嚚凶；釋「弟子輿尸」，引《左傳》：「彘子尸之」，以尸爲軍中元師。釋「觀國之光」，引聘禮請觀，及《左傳》：季札觀樂、韓宣子觀書，以證觀國。皆失之拘。釋「繫於苞桑」，以「桑」字爲「喪亡」之「喪」，而無所考據。釋「先張之弧，後說之弧」，以下「弧」字改爲「壺」。引《昏禮》：壺尊太元、壺婦爲證，皆愛博嗜奇，不能自割❹。

這是說明惠士奇的注解，雖廣徵博引，但卻容易遽下判斷，予人有剪裁能力不佳的印象。此外，筆者還找出幾點缺失：

甲、附會：如他解《訟卦初六爻》：「不永所事，小有言，終吉。」說「其象見於《召南．行露》之詩，行露者，訟之辭也。強暴之男，侵凌貞女，貞女不從，故訟：……。」❺事實上，〈行露〉一詩，是否真如〈詩小序〉所言為「彊暴之男，不能侵陵貞女」之意，是很可疑的，因為〈詩小序〉的來歷，本就可疑。而〈詩小序〉立說宗旨，又是以教化為主，未必合於詩人本意，也是眾所皆知之事。再就爻位來說，初六爻乃陰爻處陽位，為不正之爻。不正之爻，何能稱貞女？且貞女為暴男所欺，以致興訟，又有何吉可言？故知，此條以附會成份居多。

乙、誤釋：如他解《泰卦九二爻》：「包荒」。說：「水之廣且大者，莫如河，非包荒之象與！」又說：「愚謂廣大為荒，包荒者，包容廣大。」[6]實則「包」字應解為「匏」字，即瓠瓜的意思。而「荒」字，應解為「虛」字，「空」字。二字相合，再連經文下三字，即可將「包荒用馮河」五字，解為瓠瓜中空，可用為涉水過河的工具。如此才能文通字順。

丙、牽混：如他在《乾彖傳》引《莊子在宥篇》「我為女，遂於大明之上矣……。」一段，便說「孰謂莊周不聞道哉，莊周精於易，故善道陰陽。後儒說易者皆不及。」[7]事實上，〈在宥篇〉為《莊子》外篇之文，不可能是莊子作的[8]。且僅據一段引文，便說莊子精於《易》，也不能讓人信服。

二、惠棟：《周易述》、《周易本義辯證》

惠棟的易學著作頗多，但有些是輯佚的作品，無大義可言，如《易例》、《易漢學》、《周易古義》、《新本鄭氏周易》等是。若硬作說解，祇是移漢人之說於惠棟名下，並不恰當。由於這些都是輯佚（或兼校勘）的作品，所以本文已置於第四章中說明，以突顯他在輯佚上的成就，至於討論易義，還是應從其他作品入手。

㈠周易述

本書主要在發揮漢儒易學。江藩曾說明此書：

> （惠棟）年五十後，專心經術，尤邃於易。謂宣尼作十翼，其微言大義，七十子之徒相傳，至漢猶有存者。自王弼興而漢學亡，幸傳其略於李鼎祚集解中。精研三十年，引伸觸類，始得貫通其旨，乃撰《周易述》一編，專宗虞仲翔，參以荀、鄭諸家之義。約其旨爲注，演其說爲疏。漢學之絕者，千有五百餘年，至是而粲然復章矣。書垂成而疾革，遂闕〈鼎〉至〈未濟〉十五卦，及〈序卦〉、〈雜卦傳〉二篇❾。

從本文可理出幾個重點。其一、漢人的易說，是七十子之徒相傳而來，因而孔子作〈十翼〉時的奧義，漢儒必也能知其大概。所以王弼掃互譏象，是漢易亡失的大罪人。其二、漢易雖亡，而李鼎祚《周易集解》略存其說，因此惠棟才能參綜其說，而成《周易述》一書。其三、《周易述》的內容，是以虞翻易注為主，並旁參荀鄭等諸家之義而成的。其四、書未成而惠氏病亡，於是有十五卦及〈序卦〉、〈雜卦〉疏述未完。第一點是作本書的動機，惠氏以漢學為經學正統，而漢學遭後儒破壞，以《易經》為甚，王弼即為禍首。所以他提倡漢易，主要即反對王弼以來的義理易學。其父所作《易說》中，也存此感慨，可見有其家學淵源。第二點則是作本書的根據。惠棟原輯有《易漢學》七卷，採集資料也大多來自《周易集解》。所以惠氏輯《易漢學》，即在為撰作《周易述》而準備。第三點是說明《周易述》一書以虞翻為主，以其他漢儒易說為輔。耿志宏君曾統計本書徵引漢儒之說的次數。其中以徵引虞翻次數最高，計二六六次；荀爽次之，二八次；鄭玄又次之，計十三次。其他十三家，徵引次數多僅一、二次，最高不超過六次❿。可見得《周易述》一書，確是以闡釋虞翻易為主的。第四點《周易述》一書，目錄列有四十卷，自第一卷至二十一卷，皆訓釋經文，為《周易述》的主體。江藩指他有十五卦及〈序卦〉、〈雜卦〉未完，就是針對這部分來說的。二十二、二十三兩卷為《易微言》，是雜抄經典中，論述易經的話語。由於這部分的性質，都是抄錄舊說而成，應是惠棟作為撰述《周易述》的筆記，因此這部分早該刪除。《四庫提要》便說：「其《易微言》二卷，亦皆雜錄舊說，以備參考。他時葳事，則此為當棄之糟粕。非欲別勒一編，附諸注疏之末，故其文皆未詮次。棟歿之後，其門人過尊師說，並未定殘稿而刻之，實非棟本義也。」⓫可知《易微言》，並非惠棟有心的撰作。又本書卷二十四至卷四十，另載有《易大義》、《易例》、《易正訛》、《明堂大道錄》、《禘說》六書名，惟今本《周易述》書後，並未附刻，實則大都已另版刻行。其中，《易大義》，實即《中庸注》、後文將討論。《易例》原於第四章已說明。《易法》、《易正訛》，今皆未見。《明堂大道錄》、《禘說》，則於禮學中討論。以下本文便就《周易述》卷一至二十一之內容，說明其撰述特色，及其在義理上的闡發。其特色，本文列三點如下：

甲、述而不作：通觀惠氏所論卦爻象與卦爻辭的關係，可知其恪守虞翻、荀爽、鄭玄等人所提出之體例。惠棟所作的工作，祇是加以融合，並未出新意。實際上，不輕改漢人之說，原就是吳派治經的原則之一。再就其訓義解字的方式上看，書中將北魏以前許多易家的解說，廣徵博列，以證成虞，荀、鄭等人的詁訓，確實提供許多方便。但僅羅列史料，又缺乏分析判斷，甚至有所引諸家說解不同，惠氏也未予以闡明區分，這也不能不說是吳派易學的缺點所在。

乙、雜糅家法：漢代經學有今古文之分，惠棟治易卻未分今古文，一併做訓解。如虞翻從高祖光以下，五代傳《孟氏易》。《孟氏易》與施讎、梁丘賀兩家，西漢宣帝時並立學官。他們的易說都受自田王孫、源自田何，是屬今文家系統。但同時惠氏書中，又多採荀爽、鄭玄之說。荀、鄭二人所傳皆《費氏易》⑫。今惠棟將今古易說相雜，自不免有抵觸現象。雖是惠氏治易特色，但也未免不辨家法之譏。

丙、改易經文：由於惠棟認為《易經》自王弼、韓康伯之後，多以俗字易古字，才使古訓淪亡，因此他堅持以漢儒說解中之古字，改易王弼以來的本子。他說：

> 自唐人爲《五經正義》，傳《易》者，止王弼一家，不特篇次紊亂，又多俗字。如晉當爲𦤎，巽當爲⿱⿰百百廾……《釋文》所載古文，皆薛、虞、傅氏之說，必有據依。鄭康成

傳《費氏易》多得古字……諸家異同，動盈數百，然此七十餘字，皆卓然無疑，當改正者⑬。

惠氏所改易的古字，皆有佐證，並見於《周易古義》之中。可見其用力之勤。然而他自以為糾正了後儒妄以俗字改古字之誤，卻不知他不分家法，不計版刻訛抄，即予改字，也犯了大忌。阮元在〈十三經注疏校勘記序〉中，便提出批評：

> 國朝之治《周易》者，未有過于徵士惠棟者也。而其校刊雅雨堂李鼎祚《周易集解》與自著《周易述》，其改字多有似是而非者。蓋經典相沿已久之本，無庸突爲擅易。況師說之不同，他書之引用，未便據以改正久沿之本也。但當錄其說於考證而已⑭。

這段話，對好古，尊古的吳派風領導者惠棟來說，確實是中肯的批評。至於惠氏欲藉本書以闡發義理，本文也歸納出三點：

甲、釋易以「取象」、「卦氣」為主：惠棟所推崇的漢學，實即孟、京以來的象數之學和卦氣說，祇是他又會通諸家而已。如論〈乾卦〉說：「八純卦，象天，消息四月。」論〈坤卦〉說：「八純卦，象地，消息十月。」論〈屯卦〉說：「坎宮二世卦。消息內卦十一月，外卦十二月。」論〈蒙卦〉說「離宮四世卦，消息正月。」等等，可見《周易述》的說解，是依孟喜卦氣說和京房八宮卦說，將六十四卦與一年十二月的陰陽消息變化過程相配的。又他對經傳的注疏，採用京房的納甲說、五行說；《易緯》的九宮說、八卦方位說；鄭玄的爻辰說，五行生成說；荀爽的乾升坤降說、互體說，虞翻的卦變說等，都是屬於取象說的系統。惠棟在《易漢學》中，也自行統計虞翻所取八卦物象，達三百七十個之多。《周易述》一書，既以虞氏易為主，則惠棟言易主「取象說」，是可以確定的。

乙、以易為通天人之學：一般學者多以為吳派不談哲理，然而《周易述．象上傳》卻明顯有建構天人之學的傾向。惠棟認為易發生發展的道理，正合於天地萬物發生發展的道理，故多致力於天理與人事的相應合。如他解「雲雷屯，君子以經綸」句云：

> 經綸，大經。謂文王演易也。《白虎通》曰：……文王時，受（紂）王不率仁義之道，失爲人法矣。己之調和陰陽尚微，故演易，使我得卒至於太平⑮。

這明顯是說明演易，即可通天理、決人事，致太平。下文又引李軌的注云：「天事，雷風雲雨；人事，詩書禮樂也。故以經綸象雲雷也。」⑯也是明顯以天象配人事。其他，如說孔子有德無位，故寄寓於五經，以贊明易道，以助成天地化育。又引何休《公羊傳》，以

「三世說」的理論，來配合「雲雷屯」一句的解釋，認為得既濟定，便可致天下太平等。雖是過於牽強附會，但卻不折不扣是源於漢代今文派的學說。甚至還影響常州派的公羊學者。

丙、援道術以入易：皮錫瑞《經學通論》卷一，提出虞翻的易義，間雜道術，並警後人要仔細分別：

虞氏引《參同契》日月爲易，又言夢道士飲以三爻，則其學雜出道家。故虞氏雖漢易大宗，亦有當分別觀之者⑰。

惠氏最崇虞氏易，於是本文便略事檢索，看惠氏是否也引道術以闡易理。

清初二黃、毛、胡諸人，力駁宋人圖書之學出於道士，惠棟自然也深受熏染，否定河圖、洛書之說。然而漢易的今文讖緯學，本就與道教理論關係密切。或更明確的說道教取自讖緯的學說，並不止河圖、洛書二項。惠棟不察，確有引非漢易正統的道術以明易理。如他在《繫辭下傳》「日月之道貞明者也」句下，便引《參同契》之說：

《參同契》曰：十五、乾體就盛，滿甲東方。蟾蜍與月兔，日月氣雙明，是貞明之意也⑱。

這是明顯將「貞明」二字之義，牽扯到天體的運行上。不僅在本書，《易例》上篇，也大贊《參同契》可以繼微言，承絕學：

漢末術士魏伯陽《參同契》，用坎、離爲金丹之訣，後之學者，徵創異說，諱言坎、離。于是造皮膚之語，以釋聖經。微言既絶，大義尤乖，殊不知聖人贊化育，以天地萬物爲坎離，何嫌何疑而諱言之乎。今幸東漢之易猶存，荀虞之説具在，用申師法以明大義、以溯微言，二千年絶學，庶幾未墜，其在兹乎！其在兹乎！[19]

從本文看來，惠棟並不認為術士易為旁支，甚且還推崇他能維繫二千年絕學於不墜，則惠棟有道士氣息，應可肯定。除上引文外，惠棟還引《陰符經》、《抱朴子》、《靈寶經》以解易。（如《文言》曰：「其所由來者漸矣。」句下，即引《陰符經》）《易漢學》采輯《龍虎經》，也是方外爐火之說。

(二)周易本義辯正

本書共五卷，在惠棟所有易學著作中，本書並未受到重視，如《四庫全書》便未收錄，江藩《漢學師承記》也未提及。其因不外《周易本義》為宋儒朱熹所撰，清代既崇漢學，自然不看重此書。反觀惠棟既作本書，可見其未盡斥宋學。惠棟作本書的動機，是為當時學人士子勘定一本完善的《易本義》，以為功令科名之便。因而本書並未刻出全部經文，而祇標舉經文及本義的一、二句話，便附加辯正於後。惠棟所作的工作，有三方面：

甲、改易篇章次第：朱熹最早撰寫《易本義》，使用的版本是呂祖謙所定的古文本。其中分為經二卷，傳十卷。而程頤《易傳》所採，為王弼本（即將〈彖〉、〈象〉割裂，置於各卦之後）。明朝修《五經大全》，竟取朱子卷次，割裂後置於《程傳》後。後來坊間單刻《易本義》時，遂以程本次第為朱本次第。惠棟作本書，最主要目的，即恢復原本經是經、傳是傳的次第。

乙、補音訓之未備：《易本義》一書，原無音釋，惠棟便採呂祖謙之《古易音訓》，附於文後。有不足，則另據《說文解字》、《玉篇》、《廣韻》等書，予以補全。

丙、釐正篇章字句：朱熹所根據為古本，自與程頤所據之王弼本字句不同。惠棟則引宋李公傳、胡一桂、董楷、胡炳文等諸家本子，悉為釐正。其有坊刻之訛字，也一一加以勘訂。至於朱熹若有訓解上的不足，則以《朱子語類》、《程傳》補充，並都廣引漢儒易說，做為論證。

三、江藩：《周易述補》

《周易述補》四卷，是繼惠棟《周易述》而作的。周予同推斷本書完成於嘉慶十八年以前（一八一三年）[20]惠棟所撰的《周易述》，尚缺卷七、八、十、十四及二十，計五卷。以內容來說，即缺〈鼎〉至〈未濟〉十五卦，及〈序卦〉、〈雜卦〉二傳。而江藩所補祇及十五卦，不及〈序〉、〈雜〉二傳。凌廷堪為本書作敍提到：

> 元和惠君定宇，著《周易述》二十卷，未竟而卒，闕自〈鼎〉至〈未濟〉十五卦、〈序卦〉、〈雜卦〉二傳……予讀其書而惜其闕，思欲補之，自懼寡陋，未敢屬草。癸卯春，在京師聞徵德江君國屏，爲惠氏之門人，作《周易述補》，心慕其人，未得見也。次年客揚州，汪容甫始介予交江君，讀其所補十五卦，引證精博，羽翼惠氏，皆予所欲爲而不能爲者[21]。

這段話，對本書的作者及大致著成年代，都有詳細說明，可證明以下三事：其一，凌氏云癸卯春便知江藩作本書，次年便親見江藩與本書。按凌廷堪生於乾隆二二年（一七五七年），卒於嘉慶十四年（一八〇九年），其間僅有一癸卯年（一七八三年），可知本書的撰成時代，至少可上推至乾隆四八年以前（即癸卯年），則周予同的推斷過於保守。其二，坊間另有一刻本《周易述補》，題名為李林松作，兩書內容大同小異，如李書〈震初二注〉，自

「坤為畜」句以下五十七字；〈豐亨注〉，自「二陰之例」句下五十四字，全同於江書。應是李林松襲江藩之書而成的。其三，江藩所補之篇次，凌氏所見祇十五卦，不及〈序〉、〈雜〉二傳。

由於本書為補繼之作，其觀點、體例全同於惠棟《周易述》一書，所以本書祇有纘續之美，而無開創之功。惟凌廷堪序舉惠書中《彖下傳》「家人女正乎內，男正乎外」一段，認為惠棟仍不免用王弼之說，[22]而贊江藩無此瑕疵。事實上，江書〈豐六二〉便引王弼注：「蔀，覆曖、鄣光明之物，即蔽之意也。」[23]可知江藩也不免引王弼之說。

注釋

❶《大易類聚初集》第十七冊，收錄李林松所作《周易述補》五卷。《續四庫提要》中之本書提要為柯劭忞撰，文中稱李林松為惠棟弟子，實令人懷疑。因江藩《漢學師承記》並未提及，且兩人都作有《周易述補》，內容又頗多雷同，而李氏為嘉慶丙辰年（一七九六年）進士，與江藩時代相同（一七六一－一八三一年），江藩未提及，則此人必非吳門弟子。又《清儒學案》等著作，亦皆未列李氏為吳派門下，故本文為謹慎計，不列其為吳派。

❷《漢學師承記．惠士奇》，頁八十。

❸同❷，頁八十一。

❹《四庫提要》，頁一之一四五。

❺《皇清經解易類彙編》，頁三三六。

❻同❺，頁三四〇。

❼同❺，頁三三一。

❽黃錦鋐先生《莊子讀本》，書前有考證，頁十六。

❾同❷，頁九七。

❿《惠棟之經學研究》，頁七五。

⓫同❹，一之一五〇。

⓬《易漢學》卷七引《漢紀》：「臣（荀）悅叔父，故司空爽，著《易傳》，據爻象承應陰陽變化之

義，以十篇之文（即指十翼），解說經義。」《後漢書儒林傳》也說：「陳元、鄭眾皆傳《費氏易》，其後馬融亦為其傳。融授鄭玄，玄作《易注》，荀爽又作《易傳》，自是費氏興，而京氏遂衰。」

⓭《周易古義》卷二，頁七—九。

⓮《揅經室一集》，卷十一，〈十三經注疏校勘記序〉。

⓯同⓭，《周易述·象上傳》，頁六〇八。

⓰同⓯。

⓱《經學通論》卷一，〈論孟氏為京氏所託虞氏傳孟學亦間出道家〉條，頁二十。

⓲同⓯，〈繫辭下傳〉，頁六五四。

⓳《易例·元亨利貞大義》條，《大易類聚初集》第十七冊，頁一四六。

⓴《漢學師承記·周予同序》，頁三五。及頁四十，㉔。

㉑同❶，頁七四四。

㉒同㉑。

㉓同❶，頁七五一。

從人文進展觀點對《周易》「孚」字作一考察

任何語言的表現形式，都是有限的。在人類社會生活不斷發展，思維活動逐步深化下，自然而然會借用既有的語詞，表達與之相關的新義。這新義或是理據增長，或是義項消滅，其間除了語言系統內部的調整外，文化、政治等主客觀因素影響，也居重要地位。

相同的，當我們在作古籍的訓釋說解時，便需存有歷史發展的觀點，認識到書中詞義會隨時代的推移而產生變化，時代不同，字詞涵義可能已因人因事而作改變。在這變的過程中，如果新涵義擴大了原始命題，豐富了舊有內容，祇要不是過度穿鑿附會，能為當時多數人所認同，並符合時代演進的需要，都應是可以接受，甚且該進一步肯定前人在此一學科上所做的努力。易經「孚」字的探討，即可作為例證。

壹、緒論

《周易》的出現，最早是供占筮之用，後隨人類邏輯思考的周延，及人文社會的進展，才逐漸演成闡述哲理的書。而其中便有某些字詞或內容，做了相應的改變。二千多年來，在不同的歷史階段下，出現了許多流派。他們或著意於政治勢力的消長，或謀一己學說的闡發，於是各逞其能，轉相發明，使《易經》的內容能不斷增進深度與廣度，促使它在每個時代面貌下，都被賦予新生命，從而也表現出當代文化的特色。

就《易經》本源來說，後人愈豐富的引伸發明，就愈背離原始概念。然而以其價值來說，新論點的不斷摻入，才使《易經》能更千世而不滅，歷萬古而常新。今天要做《易經》字詞的探討，就應兼顧橫的觀察與縱的連繫。首先便是了解原義。其次是探求各代闡釋與發揮。究竟是充實了內涵，還是走入歧途。能力許可，還應深入發掘如此轉變的深層關鍵才是。

貳、前人對「孚」字的解釋

《周易》卦爻辭中出現的「孚」字，計有卦名一次，即〈中孚〉。卦辭七次，爻辭（三十一爻）三十四次。今歸類如下：

卦辭：

有孚：〈需〉、〈訟〉、〈觀〉、〈損〉、〈坎〉。

孚：〈革〉、〈夬〉。

爻辭：

初爻：

有孚：〈比初六〉（二次），〈大壯初九〉、〈萃初六〉。

孚：〈晉初六〉、〈姤初六〉。

二爻：

有孚：〈豐六二〉。

孚：〈升九二〉、〈萃六二〉、〈兌九二〉。

三爻：

有孚：〈益六三〉、〈革九三〉。

孚：〈泰九三〉。

四爻：

有孚：〈小畜六四〉、〈隨九四〉、〈革九四〉。

孚：〈泰六四〉、〈睽九四〉、〈解九四〉。

五爻：

有孚：〈小畜九五〉、〈解六五〉、〈益九五〉（二次）、〈革九五〉、〈中孚九五〉、〈未濟六五〉。

孚：〈萃九五〉、〈隨九五〉、〈兑九五〉。

上爻

有孚：〈家人上九〉、〈井上六〉、〈未濟上九〉（二次）

孚：缺。

由於歷代注家的時代背景有所不同，對《周易》一書的性質與觀點，也有差異，因而對「孚」字的解釋，自然會有紛歧。大抵說來，可分下列三類：

第一類是象數派學者，他們將「孚」字，視作卦與卦間的相對變化關係，以為其卦變、旁通（錯）、反對（綜）說張本。他們雖然也把多數的「孚」字，依〈十翼〉的解說，訓為「誠」、「信」之義，實則六爻相互交變、卦體相互倒置的符號遊戲，要重於對「孚」字的說解。如：《周易集解纂疏》引虞翻注「需有孚光亨貞吉」云：

〈大壯〉四之五，孚謂五❶。

李道平疏云：

> 二陰四陽之卦，自〈大壯〉來。故云：〈大壯〉四之五也。陽在二五稱孚，〈坎〉爲孚，故云：孚謂五也[2]。

又引荀爽注「訟有孚窒惕中吉終凶」云：

> 陽來居二而孚于初，故曰：〈訟〉有孚也[3]。

李道平疏云：

> 四陽二陰之卦自〈遯〉來，三陽來居于二而孚于初陰。陰陽相感，故曰：〈訟〉有孚。〈坎〉爲孚，故曰有孚也[4]。

按：所謂「四之五」，即是以卦變方式解卦。虞翻認為二爻、五爻為陽爻，即可稱「孚」。而荀爽認為陰爻、陽爻相感應為「孚」。二者解說已有不同，且皆未解釋「孚」字字義。惠棟《周易述》則另作補充云：

〈需有孚〉〈大壯〉四之五，體〈坎〉互〈離〉，〈坎〉信故有孚……〈坎〉在上爲雲，在下爲雨，上下無常，是以荀注〈乾彖傳〉曰：〈乾〉升于〈坤〉曰雲行，〈坤〉降于〈乾〉曰雨施，是〈坎〉有升降之理❺。

於是虞翻、荀爽解卦的重要方式，卦變、互體、升降等都運用上了，其目的只在得出〈坎〉卦，因為〈坎〉卦的中爻是陽爻，臨近為陰爻，陰陽爻相互感應，即為「孚」或「有孚」。相互感應須有誠信，所以「孚」便解為信。此外由上述各家引文可知「孚」與「有孚」並無差別。

清代易學可自成一家的有張惠言及焦循。張惠言的說法與上述諸家並無差異，焦循則以旁通二字來解釋「孚」：

《說文》：「符，信也。」「孚，一曰信也。」孚、符古字通……〈聘義〉云：「孚尹旁達，信也。」旁達猶言旁通，符節兩片相合，兩卦旁通似之，故名孚。……余學易悟得旁通之義，測之既久，乃知傳中旁通二字，即經文所謂孚，惟兩卦相孚，而二五交，上下乃應，交而不應，不孚故也❻。

由引文可知，焦循又換了一個旁通的名詞來解「孚」，而他的體會明顯與荀爽、虞翻不同，焦循認為下卦中爻（二）、上卦中爻（五）能相交，且必須是應（陰陽爻互異）才是「孚」。（按：王夫之《周易內傳》謂『陰與陽合配曰應，陰陽之自類相合曰孚，凡言孚者放此。舊說謂應為孚，非是。』與焦循之說又不同。）[7]

不論以上諸家是否有矛盾的地方，但他們都把「孚」字視作卦體錯綜變化的憑藉，解釋重點在於卦爻間的關係，而不在「孚」字本身的字義上，這是捨本逐末，附會過度了。試想「孚」字若為符號代稱，何以有的卦沒有「孚」字呢？且卦爻辭中亦無其他字，跟「孚」字一樣，不重在字義而重在符號的。

第二類義理派學者，則主張純以〈十翼〉中的說明來解經，不羼雜卦變、互體、旁通之說。他們開始時，祇按字義解為「誠」、「信」，歷經宋、明而至民國，「孚」字竟被當成建立易學本體論的重要關鍵。

將「孚」字解為信字，〈彖傳〉、〈象傳〉中，已經出現，如〈中孚彖傳〉解釋「豚魚吉」云：「信及豚魚也」。〈革彖傳〉：解釋「已日乃孚」云：「革而信之。」〈坎彖傳〉解釋「習坎有孚」云：「行險而不失其信。」〈豐六二傳〉解釋「有孚發若」云：「信以發志也」。〈大有六五傳〉解釋「厥孚交如」云：「信以發志也」。其後魏王弼、宋程頤等以下義理派學者，均採此說。南宋朱熹有意雜揉象數與義理而成大家，他辨析「孚」與「信」仍有意義上的區別：

> 問：「孚」字與「信」字，恐亦有別否？先生曰：「伊川云：『存於中爲孚，見於事爲信。』說得極好。」因舉《字說》：「孚字從爪從子，如鳥抱子之象」。今之乳字也，一邊從孚。蓋中所抱者，實有物也。中間實有物，所以人自信之。❽

「孚」與「信」意義有別，是可信的。如〈困〉卦辭：「有言不信」。〈夬九四〉：「聞言不信」。「孚」、「信」二字，既同時出現於卦爻辭之中，則兩字字義必有所分別。又《左傳莊公二十年》：「小信未孚，神弗福也。」二字既同在一句中，可證《左傳》撰作時代，兩字字義有別。又《說文三篇下》：「孚，卵即孚也，從爪子。一曰信也。」《說文》本為解釋五經字義而作，而「一曰」之例，主要是別存一說。可知程頤、朱熹的意見是合理的。民國以來，部分學者為導正清儒特重漢易解卦的方式，及提升《易經》在哲學上的價值，於是不斷擴大「孚」字的意義，將「孚」視作「誠」的同義詞，再套用《中庸》以來對「誠」的概念，以構成《易經》的本體論。代表易家，如宋祚胤《周易新論》：

> 《周易》的四十二個「孚」字，到底一共有幾種解釋？……以那一種能夠體現《周易》宇宙觀本體論的本質和主流，是堅定的主觀唯心主義？……「孚」的本義是禽孵卵，所以字形是從爪抱子。卵能化，必有其可化之實，于是引申爲實。……從實的意義，再一引申，就可以是誠，因爲誠是指內心的真實無妄❾。
>
> 可是（易經）作者還不以此爲滿足，他還要進一步把堅定的主觀唯心主義，發展成爲精緻的客觀唯心主義，于是〈益卦〉六三爻辭，就提出了「有孚中行」。這是說，只要內心有誠，就所作所爲都符合于不偏不倚的中道，掌握住事物發生和發展的中心環節。在這種情況下，就提出了以「道」作爲宇宙的本體❿。

由本段引文可知，先將「孚」字解為「實」，再將「實」字解為「誠」，最後將「誠」字解為「道」。這完全是附會出來的。況且將「中行」二字解為「不偏不倚的中道」，也是昧於事實的，「中行」所指應是「中路」的軍隊，證諸卜辭中有「東行」、「中行」、「上行」、「大行」等名目可知⓫。

第三類是考古派學者，他們根據新出土的甲骨卜辭、銅器銘文，將大部分的「孚」字解作「俘」，而釋為俘虜或俘獲。代表易家如李鏡池《周易探源》，徐世大《說易解頤》、《周易闡微》等⓬。以《周易探源》為例：

郭沫若同志說：「古金文俘字均作孚」。俘是後起字，從爪從子的孚、俘虜之義已明。只因孚字後來引申爲孚信，另作俘字，本義反晦。在《周易》孚字凡三十多見，大多數應作名詞或動詞俘虜解。作別義的很少⓭。

李鏡池隨後舉出卦爻辭中二十一條「有孚」或「孚」字，逐一說明。在他的解釋中，大致將「有孚」的「孚」當作名詞，不加「有」的「孚」字，當作動詞。

「有孚」與「孚」字是否有別？依一般學者的解釋，並無差異。惟高亨認為「有孚」二字連讀，應視同「有終」、「有悔」、「有厲」、「有喜」、「有眚」等《易經》中占辭，為筮者專用術語。此說徐世大已予辨明，民國以來說易的人也少引用，可略而不論⓮。

參、「孚」字原義及其轉變後價值的探討

如眾周知，從事古籍研究，必回溯其出現時代，才能尋得真實合理的答案。而《周易》卦爻辭中的故事，目前可考的，約略從商代中晚期至西周初年，而其成書，也大約是這時候。因此借助甲骨文，及商周之際的政治社會狀態，相信有助於釐清部分事實。許進雄《中

國古代社會》云：

> 甲骨文的「孚」字，作一手抓著一個小孩之狀。有時附加一行道，表示其事發生於行道而不在戰場之意。《周易隨卦》「有孚在道」之句，表明帶領奴隸在行道上工作是常見到的事⑮。

商朝是典型的奴隸制社會，而「孚」是戰爭中的俘虜，也是奴隸的重要來源。我們在甲骨文中所見到的奴、僕、妾、奚、㜎、宰、宦、奴、臣等字，便是各類奴隸的代稱。既有這麼多名詞，可想見奴隸是與當時的社會生活息息相關的。且商周之際，戰爭頻繁，從甲骨中關於戰爭的卜辭甚多，可以得知。另據《逸周書、世俘篇》的記載，武王克商時所得俘虜有三十多萬人。後來周公便用這批俘虜來經營雒邑，事後並將整族商遺民分賜魯、燕等諸侯國，以從事農業，勞役等生產事業。可見得「孚」在周初的社會，仍與周人生活密切相關。而根據郭沫若、周谷城、稽文甫、童書業、楊向奎、范文瀾、翦伯贊、岑仲勉、王仲犖、張蔭麟、黎東方、傅樂成等人的意見，也可確定周朝是奴隸社會⑯。因此，做為周初文化代表的《周易》卦爻辭中，若不將大多數「孚」字解為「俘虜」或「虜獲」，即無可資代表的相關概念，這是違反我們對周代社會了解的。

既然《周易》卦爻辭中大多數的「孚」字，應解作「俘虜」，或「虜獲」，何以從〈十翼〉開始的解釋都是「誠」、「信」呢？我想人本思想的興起，應是最主要的關鍵。周人克商之後得到三十萬有反抗能力的戰俘，除了管蔡之亂外，並沒有其他暴動發生，相信除了在安撫技巧下過功夫外，對商遺民給予適當的尊重，也是可以想見的。《中國古代社會》：

周人寬待商俘的事例，可以從《尚書》的〈酒誥〉得到明證。周公誥誡康叔，對於商俘有群飲觸犯規章的，要先加以開導，屢勸不改的才處以刑罰。但對於周人違犯了同樣規章的，要不憐憫地處以死刑。……周克商後，並不把所有的人都打成最低等的奴隸，而是維持大部分的管理體系，只是又把其管理者，置於自己控制之下而已。（引杜正勝之說）⑰

《中國古代奴婢制度史》也提到：

所謂奴、僕、臣、妾，雖然他們的職責是執賤役，侍巾帚，似乎是下流卑賤的人，但他們也有兩個特點，我們不可不知的：1.他們的生活得著豐足的享受，因爲他們是被貴族承認爲家族的一分子，受虐待的情形是少見的。2.他們的身份隨時有遷升的機會，他們可以由奴僕升爲主人，由小臣升爲國尹，由妃妾升爲正妻⑱。

於是勝利者與戰俘間的關係，從最早的敵對，轉成對戰俘的要求屈從，再變為生活上相互依賴的伙伴，到成為家族的一分子。而這種轉變就必須以「誠」、「信」做基礎，因此自然而然地，「孚」字便會引申成「信」了。

「孚」字引申為「信」，代表的是人本思想的形成，自然有其歷史上的轉變價值，是可以肯定的。

但是，漢人將「孚」字當成卦爻間的符號遊戲，卻是於史無徵的穿鑿附會，不僅造成《易經》解說上的支離破碎，並抹滅其內在所蘊涵的人本思想價值，這是很可惜的。而民國以來學者，過度執著於「誠」、「信」的解釋，甚至進一步將其附會成本體論的組成要素，這也是不可取的。

肆、結語

古籍中的字詞，容易因注釋者主客觀因素的影響而產生變化，時代不同，詞義便可能有變，不能不加以考察，而一味地以今義去理解古書中的字詞。王力便提到：

漢語詞義的研究，過去長期停留在古書訓釋的階段，雖有不少成果，但目前還沒有一部字典或任何別的著作，解決了詞義的時代差別問題⑲。

因此，當我們要從事古籍訓詁時，除了查閱文字學專著與字典、辭典外，還須對古籍時代的人文社會作一考察，才不致於人云亦云，以偽亂真了。另外，能儘早完成一部解決字義、詞義時代差別問題的辭典，相信也是大家一致的期許吧。

註釋

❶ 清李道平撰：《周易集解纂疏》（台北鼎文書局，一九七五年，近三百年經學名著彙），卷二，葉六十一左下。

❷ 同前註。又《易經》六十四卦，最初均無卦名，而為後人所加，高亨《周易古經通說》：「六十四卦卦名，當皆為後人所追題，大多數卦名，不能代表卦象之意義……吾人研究周易，不必深究卦名。而易十翼之作者不明乎此，往往講論卦名，輕下定義，以致陷於紕繆。」可知〈中孚〉卦名，於本文探討時，僅供參考，不能深究。

❸ 同前註，葉六十七右上。

❹ 同前註。

❺ 清抉經室主人編：《清朝易經彙解》（台北鼎文書局，一九七二年，五經彙解本），卷六，葉五。

❻ 清焦循撰：《易通釋》（台北鼎文書局，一九七五年，近三百年經學名著彙刊），卷十九，葉廿六至廿九。又《說文解字三篇下》：「孚……一曰信也。」段玉裁注云：「引申之義也」。可知「孚」字而有「誠」、「信」義，為引申關係。

❼ 同❺。又卦變的現象，於〈損卦〉爻辭雖可見到，但並非普遍通例，漢代京房據之而有爻變之說，至荀爽、虞翻則卦變遂成定例。顧炎武於《五經同異》中，已對卦變說的矛盾處提出批評，如〈復〉〈姤〉二卦之上卦各有〈坤〉〈乾〉，猶似〈乾〉〈坤〉二卦乃自〈姤〉〈復〉而生，如此則〈震〉〈巽〉二卦，又從何得來？又互體現象，最早見於〈左傳〉，而完成於京房，亭林也認為

後儒為解釋卦爻時取象的方便，衍成互體說，只是更讓經說趨於繚繞破碎而已。本人於《顧炎武經學之研究》一書中，已提出討論。屈萬里《先秦漢魏易例述評》，也有詳細的批駁。另所謂的旁通說，自馬王堆帛書《易經》出土，可知在西漢還有不同卦序編次的《周易》傳本，則此說當不攻自破。大陸學者劉大鈞《周易概論》頁廿四至廿六，作有合理的說明。

❽ 宋黎靖德編輯：《朱子語類》（日本京都中文出版社，一九八二年，影日本九州大學圖書館藏朝鮮古寫徽州本），下冊，卷七十三，葉一〇八四右下，又「孚」字應從手不從爪，本文第三節有說明。

❾ 宋祚胤：《周易新論》（大陸湖南教育出版社，一九八二年八月），頁一一二至一一三。

❿ 同❾，頁一一五。

⓫ 參見許進雄：《中國古代社會——文字與人類學的透視》（台北：臺灣商務印書館，一九八八年九月），頁四〇九。

⓬ 高亨《周易古經今注》將大多數「孚」字通「浮」字而訓為「罰」，故雖也傾向此派而解說不同。

⓭ 李鏡池：《周易探源》（大陸中華書局，一九九一年七月），頁一八四至一八六。

⓮ 參見徐世大：《說易解頤》（台北精華印書館，一九九六年），頁廿六至廿七。

⓯ 同⓫，頁四百一十三。另頁四二五附錄甲骨文字形，列之如下：

	孚	奚
商 甲骨文		
周 金文		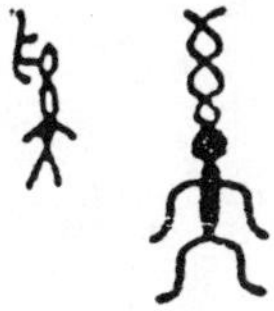
秦 小篆		
漢 隸書		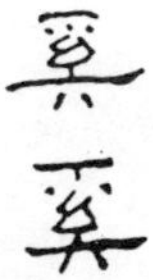
現代 楷書	孚 俘 象以手抓到小孩，將以之為奴僕之意。或發生於行道。	奚 象成年男子或婦女被繩索捆綁，被控制於他人而為奴僕之意。

⓰ 參見劉偉民：《中國古代奴婢制度史》（台北龍門書店，一九七五年六月），頁五至十三。

⓱ 同⓫，頁四百一十四。

⓲ 同⓰，頁六十一至六十二。

⓳ 王力主編：《古代漢語》（大陸中華書局，一九九〇年三月），頁八十四。

《周易卦爻辭》中所見周初飲食文化

本論文為正撰寫《周易與周初文化》一書中之部分內容。為配合本校文學院「飲食與文化」專題學術研討會的舉行，乃整理其中相關章節而成。關鍵詞：周易、卦辭、爻辭、西周、飲食文化。

壹、前言

一個朝代所呈現出來的飲食方式、種類，與當代生活樣貌及文化水平是息息相關的。我們從今人關於西周早期文明的探討，發現他們大都肯定周民族是非常注重與講究飲食的，歸納他們的意見有飲食品類擴大，烹飪調製技術與飲食器具多樣化，飲食禮儀已形成等內容。[1]

再者，周易卦爻辭，也在眾多易學家的努力下，證明完成於殷商、周初之間[2]。而周易卦爻辭所呈現的飲食文化，則未如前言有品類擴大、器具多樣、禮儀成形等現象存在。本文在此並不敢妄言解決此一問題，祇能初步的將卦爻辭中關於飲食文化的內容，略作整理，得出結果後，再加個人的部分推論，希望能就此問題作一拋磚引玉的工作。

貳、周易時期的經濟型態

周易卦爻辭所呈現的社會生產力，有狩獵、捕魚、畜牧及農業種植四種方式。舉例說明如下：

一、狩　獵

(1)田有禽〈師六五〉
(2)田無禽〈恒九四〉

田是畋獵的意思，有禽、無禽，則是預占能否捉到動物。

(3)田獲三狐〈解九二〉
(4)田獲三品〈巽六四〉

獲是狩獵的意思。三狐、三品，三代表多數。三品指獵得多種不同的動物。按：周易卦爻辭中，一共祇出現五次「田」字，上舉四例全是狩獵。另一例為「見龍在田」〈乾九二〉，此爻的田，解釋為地面，即龍出現在地表面上。以上五個「田」字，都與耕種無關。

(5)王用三驅失前禽〈比九五〉

(6)公用射隼於高墉之上〈解上六〉

(7)公弋，取彼在穴〈小過六五〉

(8)明夷於南狩，得其大首〈明夷九三〉

(9)射雉，一矢亡〈旅六五〉

(10)見豕負塗，先張之弧，後説之弧〈睽上九〉

「三驅」，指多次圍獵追逐，「失前禽」則是動物逃脫了。「射隼」、「射雉」、「弧」、「弋」表明所用武器為弓箭。「明夷」是受傷之意，「大首」即大獸。前四例應都是大型的狩獵活動，「取彼在穴」則表明當時人以陷阱方式來捕獸。

(11)噬乾胏，得金矢〈噬嗑九四〉

(12)噬乾肉，得黃金〈噬嗑六五〉

「乾胏」、「乾肉」是曬乾的肉條。肉中的矢，自然是畋獵時留下的箭頭。「黃金」、「金矢」，金是銅的意思，證明此一時期使用銅器。

(13)即鹿無虞〈屯六三〉

(14)良馬逐〈大畜九三〉

「虞」是虞人，掌管山林事務的官員。「即鹿」是「逐鹿」。在追捕鹿群時，由於欠缺嚮導

（虞人），祇好放棄，以免迷陷在樹林中。至於「良馬逐」一句，可知馬已被飼養成交通工具，並用來逐獸。

二、捕　魚

(1)貫魚，以宮人寵〈剝六五〉

(2)包有魚〈姤九二〉

(3)包無魚〈姤九四〉

(4)井谷射鮒〈井九三〉

「貫魚」即串魚。「宮人寵」即家人愛。此句是說帶回成串的魚，家人都很高興。「包有魚」，「包」即庖，廚房的意思。「射鮒」，鮒為小魚。射鮒，表明當時捉魚的方式也是用箭❸。全書中關於魚獵的記載，僅此四條，與狩獵方式相差甚多。可知漁獵生產在當時僅是副業。

三、畜　牧

(1)畜牝牛〈離卦辭〉

(2)童牛之牿〈大畜六四〉

(3)或繫之牛，行人之得，邑人之災〈無妄六三〉

(4)喪牛於易〈旅上九〉

(5)東鄰殺牛〈既濟九五〉

(6)見輿曳其牛〈睽六三〉

「畜牝牛」即畜養母牛，畜牧是由狩獵發展出來的生產方式，能保障人類飲食的供應無缺。「童牛之牿」小牛剛長角時，因癢而以角觸物，以木條牿小牛角，便不致觸傷人或自傷其角。至於「喪牛於易」與〈大壯六五〉「喪羊於易」，顧頡剛於〈周易卦爻辭中的故事〉引羅振玉《殷墟書契考釋》及王國維〈殷卜辭中所見先公先王考〉證明商的先祖有名為王亥者，在有易這地方，為人所殺，並奪走大批畜養的牛羊。而易字，一說為扈，即有扈氏。一說為狄，即北狄人。❹本文引此，不在考證史實，而是說明大量畜牧的情形，確實存在。

(7)康侯用賜馬蕃庶〈晉卦辭〉

(8)豶豕之牙〈大畜六五〉

(9)羝羊觸藩〈大壯九三〉

(10)喪羊於易〈大壯六五〉

「康侯用賜馬蕃庶」明確說明馬匹已供作飼養。而「豶豕之牙」，「豶豕」即去勢之豕。古人畜養動物，為求碩大肥壯，多會採用去勢的方法。「羝羊觸藩」，「藩」即圍籬，也是畜養的象徵。

四、農業種植

(1)不耕穫，不菑畬〈無妄六二〉

經文中與農業有關的，僅此一句。至於五穀的名目，耕種的器具等並無所見。而「菑」即荒田，「畬」即地力恢復的田。這說明有休耕輪作的現象。這一時期的農業雖不發達，但卦爻辭中仍出現像杞、瓜、碩果等果品，可推論當時是採集生活方式。

綜合以上四節可知，周易卦爻辭所呈現出來經濟型態是狩獵與牧畜並重的時代，或者說上層貴族以牧畜為主，一般百姓以狩獵為主。至於捕魚及農耕，則仍屬副業，非主要食物來源。

參、周易中的食器與飲料

一、鼎

(1)鼎有實〈鼎九二〉

(2)鼎耳革，其行塞，雉膏不食，方雨虧悔〈鼎九三〉

(3)鼎折足，覆公餗〈鼎九四〉

(4)鼎黃耳金鉉〈鼎六五〉

(5)鼎玉鉉〈鼎上九〉

第一例說明鼎中有食物。第二例是說鼎中正烹煮著雉雞，還未來得及吃，天便下雨，又因鼎耳掉了，無法移動而懊悔不已。第三例是說鼎足斷折，打翻獻給王公的食物。第四第五例則說明用來扛鼎耳的材質，有銅製、也有玉石製品。另由上可知鼎為炊食之器，亦為盛食之器。並不如《周禮亨人》鄭玄注所說：「鑊所以煮肉及魚腊之器。既孰，乃脀于鼎，齊多少之量。」❺為專用的盛食器。

二、簋、簠、缶

(1)二簋可用享〈損卦辭〉

(2)樽酒簋，貳用缶〈坎六四〉

(3)剝床以簠〈剝六四〉（按簠一本作膚）。

《周禮舍人》：「凡祭祀共簠簋。」鄭注：「方曰簠、圓曰簋。」❻既用於祭祀，則必不用於烹煮，可知簋、簠都是盛食器具。至於「貳用缶」，是說祭祀時，樽器與簋器之副器用

缶。《周禮酒正》：「大祭三貳、中祭再貳、小祭壹貳。」便是此意。❼

三、匕

⑴不喪匕鬯〈震卦辭〉

匕即匕匙。高亨說：「匕或以木、或以角，長者數尺、短者數寸。用以載牲體、用以扱鼎實……用以扱酒醴。」❽而鬯即為酒醴，所以匕鬯，即指祭祀儀節中，以匕匙舀酒醴的儀式。

四、飲料

⑴需于酒食〈需九五〉

⑵有孚于飲酒〈未濟上九〉

⑶不喪匕鬯〈震卦辭〉

⑷拔茅茹〈泰初九〉、〈否初六〉

⑸藉用白茅〈大過初六〉

⑹繫于苞桑〈否九五〉

在古代飲料與食物的地位是並重的，即使貧困如顏淵，用餐時仍是「一簞食、一瓢飲。」然而水喝起來淡而無味，在出現酒的釀造後，它便成為待客、敬神的重要飲品。裝酒的器具是樽、舀酒的器具是匕，在前一節已作說明。至於茅與苞，古人是用作濾酒的材料。《左傳》記載管仲責貢于楚，便有「苞茅不入，王祭不供，無以縮酒。」的句子。[9]

綜合本節內容可知，飲食器具並未多樣化，飲食禮儀的字句也不多見。

肆、結語

周先祖后稷在中國神話中是農耕發明者，且西周以農立國，也是眾所周知的事。然而根據前文歸納結果，卻發現代表西周初期文化象徵的《周易》，在生活型態上，似乎仍處於遊牧狀態，捕魚及農耕的情形並不明顯。而高度的文明生活，即表現在飲食器具的多樣化，及禮儀的規範。然而在《周易卦爻辭》中並非如此呈現。

如果周人確是以農立國，那該如何解決其中癥結呢？《史記·周本紀》記載后稷死後，「子不窋立，不窋末年，夏后氏政衰，去稷不務。不窋以失其官，而奔戎狄之間。」[10]而我國從東北至西南，環繞中原邊地的半月形地帶，原本也是戎狄活動之所，過的便是游獵畜牧，或說重牧輕農的經濟生活。[11]據此，我們應該可以大膽推論，《周易卦爻辭》，是在周太王（古公亶父）未遷都岐山前，便已陸續形成的占筮材料，其間經歷了王季、文王二個時期的整理，而後定型於周武王時期。

本文由探討《周易卦爻辭》中的飲食現象，進一步推論〈卦爻辭〉的形成過程，所作的雖僅是初步整理的工作，但相信根據特定時期文明的探討，解決該時期所存在的部分問題，這方向還是值得努力的。

註釋

❶ 許倬雲《西周史》第八章。許進雄《中國古代社會》第九章。王慎行〈論周代的飲食觀〉，收錄於《古文字與殷商文明》。《中國文明史·先秦時期下冊》第十六章。

❷ 北京師範大學出版的《周易研究論文集》第一輯第一五七頁至四九〇，收錄兩岸近現代二十一位易家，討論關於周易成書時代之二十五篇文章。另屈萬里先生亦曾於《臺大文史哲學報第一期》，發表〈周易卦爻辭成於周武王時考〉。

❸ 〈大壯九三〉：「小人用壯，君子用罔。」句中「罔」字，後人有解為「網」，作以網捕魚解。但未為定說。

❹ 〈周易卦爻辭中的故事〉，《古史辨》第三冊，第五－九頁。

❺ 《周禮注疏》卷四，第六十三頁下右。

❻ 同❺，卷十六，第二五二頁下左。

❼ 同❺，卷五，第七十八頁上左。

❽ 高亨《周易古經今注》，第一七六頁。

❾ 《左傳注疏》卷十二，第二〇二頁上左。

❿ 《史記會注考證》卷四，第六十五頁上右。

⓫ 見童恩正〈試論我國從東北到西南邊地半月形文化傳播帶〉，收錄於《文物與考古論集》中。

《周易卦爻辭》中所見周初醫療文化

《周易》與中醫學同源於巫。而古代巫師掌管的工作，便包括卜筮與醫藥。本文分六個項目，將《周易卦爻辭》中與之相關字詞，分類納入生理、心理、針石、祛疾、養生、衛生等項目中，藉以得知周初的醫藥水平。

關鍵詞：周易、卦爻辭、西周文化、中醫學

《易經》與中醫學的關係，歷來有「醫源於易」、「醫易相通」、「醫易同源」三種說法。而據文獻記載，以醫易同源於巫，較為後代學者認同。如《論語・子路》：「人而無恒，不可以作巫醫。」❶《管子・權修》：「上恃龜筮，好用巫醫，則鬼神數祟。」❷《呂氏春秋・盡數》：「巫醫毒藥，逐除治之。」❸皆是巫醫二字連言。《山海經・海內西經》郭璞注引《世本》：「巫彭作醫」。❹《呂氏春秋・勿躬》：「巫彭作醫，巫咸作筮。」❺則說明古代巫師所執掌祛疾消災的宗教活動中，不僅使用卜筮、祭祀的方法，祈求神靈感應，還懂得使用醫藥以祛除病痛。這些都足以說明二者之間關係密切。

又自甲骨片出土後，許多學者注意到卜辭中關於疾病的記載，從而論述並豐富殷商時期的醫學史料。惟代表西周時期的醫學史料，卻一直闕如。近幾年來，中國大陸積極推展傳統醫學，終於有幾位學者發表相關的作品，如戴應新〈從周易探索西周醫學成就〉、夏克平〈醫易溯源〉、王德敏〈醫易同源簡論〉等。然而他們的作品大都以〈易傳〉思想，作為論述根據，故其所得結論，祇能代表東周末年，甚至秦漢時期的醫學發展，與他們想努力填補的西周時期之醫學成就，還有差距。惟蕭漢明〈易經中的醫學萌芽〉一篇，較為謹嚴。所以本文擬將〈卦爻辭〉中關於醫藥的論述，重作分類說明於後，希望能對西周醫藥史料的建構，盡一分心力。

壹、生理方面

(1)枯楊生稊，老夫得其女妻。〈大過九二〉
(2)枯楊生華，老婦得其士夫。〈大過九五〉

「稊」，王弼注：「楊之秀也。」《周易集解》引虞翻曰：「稊，稚也。楊葉未舒稱稊。」又《經典釋文》：「稊，鄭作荑。」《詩・靜女》：「自牧歸荑」。孔疏：「荑，葉之新生者。」可知「枯楊生稊」即「枯楊生葉」，指草木初生，為反枯為榮的現象。至於「枯楊生華」，華即花，也是反枯為榮的現象。然而前者是以「秀」、「稚」、「未舒」形容女子正年少，所以老夫娶之無不利。後者則是花已綻放，盛極將衰的徵兆，此時得其士夫，雖無咎辱，卻也無何稱譽之處。

按：古人婚配最重生育。據《黃帝內經・上古天真論》：❻

> 女子七歲，腎氣盛，齒更髮長；二七而天癸至，任脈通，太衝脈盛，月事以時下，故有子；三七，腎氣平均，故真牙生而長極；四七，筋骨堅，髮長極，身體盛壯；五七，陽明脈衰，面始焦，髮始墮；六七，三陽脈衰於上，面皆焦，髮始白；七七，任脈虛，太衝脈衰少，天癸竭，地道不通，故形壞而無子也。丈夫八歲，腎氣實，髮長齒更；二八，腎氣盛，天癸至，精氣溢寫，陰陽和，故能有子；三八，腎氣平均，筋骨勁強，故真牙生而長極，；四八，筋骨隆盛，肌肉滿壯；五八，腎氣衰，髮墮齒槁；六八，陽氣衰竭於上，面焦，髮鬢斑白；七八，肝氣衰，筋不能動，天癸竭，精少，腎藏衰，形體皆極；八八，則齒髮去，腎者主水，受五藏六府之精而藏之，故五藏盛，乃能寫。

女子一般在七歲換牙，十四歲月事來潮，能懷孕生子，二十一歲全身發育成熟，二十八歲身體壯盛，為生命力最佳時期，三十五歲陽明脈衰，面皺髮脫，四十二歲三陽脈衰，髮變白，四十九歲月經終止，形體日衰而失去生育能力。男子一般八歲換牙，十六歲有精，具生育能力，二十四歲全身發育成熟，三十二歲筋骨強勁，為生命力最旺盛時期，四十歲開始衰老，四十八歲面焦髮白，五十六歲肝氣衰，精少，六十四歲牙落髮脫而失去生育能力。這段話說明以同年紀男女而論，女子之發育及停經，均早於男子。所以就適婚年齡來說，男子平均應大女子三至七歲，雙方生理機能的發展才相當。故而老夫娶少婦，多相配而無不利，但是老婦壯夫的婚配組合，生育期已屆終了，自無喜事可言。

(3) 夫征不復，婦孕不育。〈漸九三〉

(4) 婦三歲不孕。〈漸九五〉

「婦孕不育」，傳統多解為婦人不貞，故其子不育。近人李鏡池《周易通義》認為是「婦人懷孕而流產」。按生育期的婦女，夫妻同居三年以上，男方生殖功能正常，未避孕卻未懷孕，稱為「原發性不孕」。第四條「婦三歲不孕」即屬「原發性不孕」。曾經生育，又間隔三年以上未避孕而未能再受孕，稱為「繼發性不孕」。❼而「婦孕不育」其實便是「繼發性不孕」。由於先生遠行未歸，所以太太未能持續受孕生子。若解釋為懷孕流產，便不能與「夫征不復」連讀。至於傳統說解本就牽強，因為婦人貞不貞，與子育不育，並無必然關係。

在西周早期便能將不孕情形分類，實是一大進步，也對後代醫學文獻有相當的啟發。❽

貳、心理方面

(1)萃，亨，王假有廟。〈萃卦辭〉
(2)有孚不終，乃亂乃萃。〈萃初六〉
(3)萃如，嗟如。〈萃六三〉
(4)萃有位。〈萃九五〉

「萃」，舊注多誤訓為聚。按《詩・出車》：「僕夫況瘁」。〈四月〉：「盡瘁以仕」。《經典釋文》皆注云：「瘁本作萃」。則瘁、萃二字古通。又〈雨無正〉：「憯憯日瘁」。〈北山〉：「或盡瘁事國」。〈蓼莪〉：「生我勞瘁」。〈瞻卬〉：「邦國殄瘁」。從上引詩篇推斷，瘁字非指人身上的病痛，而是指勞心的，精神困鬱的疾患。

所以第一條是說天王操心國事，至祖廟祭拜後便改善很多。因為古代宗廟多為心靈慰藉之所，既為心病，在祖廟祭告一番，自然得以紓解。第二條「有孚不終」即有俘虜不安分。「乃亂乃萃」是指神情昏亂，神志異常。第三條「萃如、嗟如」是為煩心的事而感嗟連連。第四條「萃有位」，正如前引「盡瘁以仕」、「盡瘁事國」、「邦國殄瘁」，是為公家之事而勞心。

按：人的精神情緒，對於疾病的發生和傳變，確實有重大的影響。歷來中醫學家都相信，喜、怒、憂、思、驚、恐、悲七情，是內傷疾患的主要致病因素。七情致病，主要是影響臟腑，使其功能產生紊亂，氣血運行失常。如過度的驚、喜、恐懼，會導致心神不安，出現心悸、失眠、煩躁、驚恐，甚至精神失常等症。又如悲、憂、思慮過度，則會影響脾的運化功能，導致腹脹、食欲不振，甚至肌肉消瘦等症。而鬱怒不解則會影響肝的疏泄功能，導致脅肋脹痛、性情急躁、噯氣等症，嚴重時甚且有肝氣上逆，以致咯血、嘔血等情況發生。可見精神安定、情緒中和，是很重要的養生之道。

(5) **日中見斗，往得疑疾。〈豐六二〉**

(6) **日中見沬，折其右肱。〈豐九三〉**

「日中見斗」，惠棟《周易注》：「日食之象也。」疑疾，即瘋疾或發狂等，屬於精神方面的疾病。本句是說出現日蝕現象，令人驚恐不已。日中見沬，「沬」《子夏易傳》作「昧」，「昧，星之小者也。」是指太陽中出現像小星星一樣的黑點。本句是說當太陽出現黑子活動時，人們容易因情緒異常而有外傷。右肱之折，即因驚恐而導致的。

按太陽黑子活動，與人類某些疾病流行或異常心理變化，有相當關係。沈子復《易經釋疑》：[9]

> 異常的太陽輻射，對人體主要生理病理過程均有影響，尤其對老弱病者影響更大。它可以使人體血液，淋巴細胞和細胞內原生質的不穩定的膠系統電性質發生改變。

而這些改變會使膠體凝聚，血栓形成，導致心絞痛、腦栓塞、心肌梗塞和動脈粥樣化等症狀發生。另外，還會引起細胞間鈣離子濃度下降、細胞膜通透性升高，或使白血球作用力下降使人體免疫功能降低，使傳染病易於流行。

參、針石方面

(1)咸其拇。〈咸初六〉
(2)咸其腓。〈咸六二〉
(3)咸其股。〈咸六三〉
(4)咸其脢。〈咸九五〉
(5)咸其輔頰。〈咸上六〉[10]

「咸」傳統以來都解釋為「感」。清代以來的學者認為有穿鑿之嫌，首先提出新說的是朱駿聲。《說文通訓定聲》〈臨部〉認為「咸」字，「從口從戌，會意。戌，傷也。」民初學者如李鏡池《周易通義》、高亨《周易古經今注》、周振甫《周易譯注》等皆主此說。近幾年有香港中文大學周策縱先生、武漢大學蕭漢明先生另提出「咸」為「鍼」灸之意⑪，並從巫醫同源的觀點，論述「巫咸」即「巫鍼」，進而推斷「咸」卦所言，實即鍼砭過程。今再補充如下：

「咸」字應解作鍼砭之鍼。《說文》：「針，所以縫也，從金咸聲。」又「箴，綴衣箴也，從竹咸聲。」針和箴通，皆為古針字，而咸為省文。古人以針石為醫療工具，可療治肌膚之疾，除疽腫之痛。所以上引五條都在說明針砭療疾的情形，從針砭腳拇指開始，進而小腿（腓），而大腿（股），而背部（脢），而面頰（輔頰），正符合足太陽（膀胱經）的走法。（見附圖一）

按：〈足太陽膀胱經〉，其本經分布在背部的經脈，而脈氣則按相應脊椎的背俞穴與督脈相通，並沿項、背、腰、膂、大腿後側、腓腸肌深入體腔，通連體腔內各臟腑器官。其症候為頭項強痛、眼痛、目黃、流淚、鼻流清涕、出鼻血、痔疾、半身不遂、腳疼痛、足小趾不能運作、運動障礙、瘧疾及癲狂等。

肆、祛疾方面

(1)鳴豫。〈豫初六〉

(2)盱豫。〈豫六三〉

(3)由豫，大有得，勿疑，朋盍簪。〈豫九四〉

(4)冥豫。〈豫上六〉

「豫」，舊說多訓為厭怠或游樂。馬王堆帛書「豫」作「余」字。「余」應解作「除」。如《書‧金縢》：「王有疾弗豫」，即指王有疾未除。第一條「鳴豫」，是指以鳴鑼擊鼓方法，祛除病魔。第二條「盱豫」，《本草綱目‧草部‧蛇床》引《爾雅》：「盱，虺床也。」[12]可知盱為草名，即蛇床。盱豫，謂以蛇床除疾。第三條《金匱要略‧藏府經絡先後病脈證》：「以此詳之，病由都盡。」[13]所以「由豫」的由，指的是病由。本句是說找到病由，並加以排除，才能大有收穫。而「朋盍簪」三字，「朋」，馬王堆帛書作「傰」，有毀壞之意。「盍」，帛書作「甲」，指動物身上的硬殼。此句意謂以甲骨所製的簪，傰壞膿疽等患處以除疾。第四條「冥豫」，冥應作瞑，《孟子‧滕文公上》：「若藥不瞑眩，厥疾不瘳。」所以「冥豫」是要加重藥的份量以除疾。

按：中國醫學在袪疾方面，首重「預防」，其次才是「治則」。如《素問・上古天真論》、〈四氣調神大論〉、〈移精變氣論〉等篇中，就明確提出「不治已病治未病」的預防疾病的原則與方法。其內容又包括「未病先防」和「既病防變」兩部份。所謂「未病先防」是指在未發病之前，採取綜合預防措施，以增強人體抵抗力，防止疾病的發生。所謂「既病防變」是指一旦得病，便應早期診斷、早期治療，將疾病消滅於萌芽階段，以防止其發展和傳變。因為病邪侵襲人體，總是由表入裏，由淺而深，如果不能及時進行診治，病邪就會逐步深入，侵犯內臟，使病情愈複雜而深重，終至難以治療。因此祇有掌握疾病的發生、發展規律，及其傳變途徑，才能做到早期診斷和早期治療，以防止其傳變。上引一至四條，即與此論點相近。

其次，「治則」是指治療疾病的原則。它以望、聞、問、切四診，獲得的資料為依據，對疾病進行全面的分析、綜合、判斷，從而針對不同的病證，制訂出不同的治療原則。這些原則，強調治病應從整體觀念出發，區別不同的時間、地點與個體病情，而因人、因時、因地制宜。強調治病求本，透過疾病的外在現象而掌握本源。重視病變的輕重緩急，以正確處理臟腑間的相互關係。下引五至九條，即與此論點相近。

(5)介于石，不終日。〈豫六二〉

(6)貞疾，恒不死。〈豫六五〉

(7)損其疾，使遄有喜。〈損六四〉

(8)無妄之疾，勿藥有喜。〈無妄九五〉

(9)介疾有喜。〈兌九四〉

這五條也是跟除疾有關的。第五條「介」，馬王堆帛書作「疥」。指人身體長膿的外傷，已漸痊癒結成痂疥，不多久即可脫落而復原。第九條「介疾」亦同。而「有喜」指的是病情有轉機，即將痊癒。所以說「遄」，指很快康復。「勿藥」也是指即將痊癒，不需再進藥。

伍、養生方面

(1)艮其背。〈艮卦辭〉

(2)艮其趾。〈艮初六〉

(3)艮其腓，不拯其隨。〈艮六三〉

(4)艮其限，列其夤。〈艮九三〉

(5)艮其身。〈艮六四〉

(6)艮其輔，言有序。〈艮六五〉

(7)敦艮。〈艮上九〉

「艮」，舊說多訓為止。恐誤。按高亨《周易古經今注》認為「見」字從目從人，而「艮」字從目從匕。匕即人之反文，所以艮即見之反文。既為反文，則見為外視，而艮為內視。⓭內視法，其實為古人養生功法之一。行功時須杜絕感官與外界接觸，使精神內斂，才能附於目而內視，進而以神及目共同觀照真氣在體內的運行。就如《周易參同契》所謂：「內照形軀」，李時珍《奇經八脈考》所謂：「內景隧道，唯返觀者能照察之。」第一條「艮其背」，是說養生運動時，應以脊柱為行氣處。當行功時，全神貫注，忘記自身的存在，更不知身外之物，故云「艮其背不獲其身，行其庭不見其人。」第二條「艮其趾」是說內視首先要將氣貫注於腳趾。第三條「艮其腓，不拯其隨。」腓是小腿。隨，王弼注：「謂趾也」。孔穎達疏云：「腓動則足隨之，故謂足為隨。」本句是說真氣繞行腳踵，即將上行小腿肚，卻受阻而未能上行。第四條「艮其限，列其夤。」朱熹《易本義》：「限，身上下之際，即腰胯也。」指的是大腿以上，肚臍以下的背部。而夤就是胂，《說文》：「胂，夾脊肉也。」指的是臀部以上夾著脊椎的肉。整句話是說真氣行至腰際，沿夾脊肉之脊柱而上。第五條「艮其身」王弼注：「中上稱身」。是說真氣已過腰際，上衝帶脈而至於上身。第六條「艮其輔」，輔是面頰。真氣運行於督脈為升，運行於任脈為降。本句是指真氣上行督脈，過頂門泥丸宮後，下行任脈而至面頰。第七條「敦艮」，敦為結聚的意思。按：真氣貴聚而不散，因為氣聚則精積，精積則神生。所以「敦艮」應是行氣有成之意。

整體說來，艮卦所描述的即調氣養生過程。真氣先由腳趾上行，經小腿肚、腰胯，沿脊柱至泥丸，然後再沿面頰而下，完成一小周天的運行，此一過程正與督脈相合。（見附圖二）

按：「督脈」為奇經八脈之一。其功能，總的來說，是「總督諸陽」。「督脈」所以稱「督」，就包含有總管、統率的意思。「總督諸陽」可從兩方面來理解：首先，督脈行於背部正中，它的脈氣多次和手足三陽相交會，而最大的聚集地在大椎穴。此外，奇經之一的帶脈，出於第二腰椎；奇經之二的陽維脈又與之交會於風府、瘂門。如此一來，督脈的脈氣便和全身各陽經都有聯繫。其次，督脈行於脊柱裡，上行入腦，與腦和脊髓皆有聯繫。中醫學家稱腦為「元神之府」，認為是人體一切精、氣、神活動的首府，且體腔內臟腑也都通過足太陽經的背俞穴，而受督脈脈氣的支配；臟腑所進行的各項生理活動，也與督脈的精、氣、神活動相關，而被認為是陽氣功能的集中表現。因此，把督脈理解為「總督諸陽」、「諸陽之海」，或叫做「陽脈之都綱」。

由上說明，可知運動行氣首重督脈的暢通，也正是〈艮卦〉初至六爻所顯現的道理。

陸、衛生方面

(1)井泥不食。〈井初六〉
(1)井渫不食。〈井九三〉
(3)井冽寒泉食。〈井九五〉
(4)出入無疾，朋來無咎。〈復卦辭〉
(5)其匪正有眚，不利有攸往。〈無妄卦辭〉
(6)噬臘肉，遇毒。〈觀六三〉

第一、二、三條是說髒而不流動的井水不能喝，清澈寒涼的水才能喝。第四、五條是指身體健康無傳染病，才適合與朋友往來，若有因不當習慣所致的眚疾，則不適合外出。第六條則指出變質的食物，會產生有害人體的毒性。

按：中醫學家非常重視飲食及環境的問題。首先飲食未節會影響脾胃功能，導致消化系統疾病，日後將影響其他臟器或整體功能，而產生其他疾病。其次飲食不潔，可引起脾胃功能失常，出現脘腹脹痛、噁心嘔吐、腸鳴腹瀉等症。如吃進被腸寄生蟲卵污染的食物，可引起腸寄生蟲病。吃進被毒物污染的食物，可引起食物中毒。食物中毒發病時，輕則脘腹疼痛、嘔吐、腹瀉，重者甚至會出現昏迷等嚴重中毒症狀。這些都是飲食及環境衛生方面要多留意的。

柒、結論

本文分析《周易卦爻辭》所呈現的醫理：在生理方面，探討的是男女婚配年齡。心理方面，探討的是精神困鬱的疾患。針石方面，探討是針砭的不同部位。祛疾方面，探討的是除疾的方法，及病將康復則勿再進藥，令自體產生抵抗的原理。養生方面，探討的是運氣以健身的方法。衛生方面，探討的是水質，傳染性疾病，並注意食物的變質。

注釋

❶《論語》（台北藝文印書館，十三經注疏本，一九八二年），頁一一九右上。

❷安井衡《管子纂詁》（台北河洛出版社，一九七六年三月），卷一，〈權修〉第三，頁一七。

❸陳奇猷《呂氏春秋校釋》（台北華正書局，一九八五年八月），卷三，頁一三七。

❹《山海經校注》（台北洪氏出版社，一九八一年一一月），卷一一，頁三〇一。

❺同註❸，卷一七，頁一〇七九。

❻《黃帝內經章句索引》（台北啟業書局，一九八七年八月），第三章，頁一。

❼《中醫婦科學》（台北知音出版社，一九八九年四月），頁三九一。

❽與「原發性不孕」含義相近的命名，在《山海經》、《神農本草經》、《脈經》等中稱「無子」。《備急千金要方》中稱「全不產」。「繼發性不孕」在《備急千金要方》中稱「繼緒」。

❾沈子復《易經釋疑》（北京學苑出版社，一九九〇年一二月，頁二四。

❿《咸六上》爻辭原作「咸其輔頰舌」。高亨《周易古經今注》：「余疑舌當作吉，形近而訛。」卷二，頁一一〇。

⓫《本草綱目》（台北國立中國醫藥研究所印行，一九八一年元月）頁四八九。

⓬《金匱要略》（台北明師出版社，一九九七年四月）頁二一。

⓭高亨《周易古經今注》（台北武陵出版社，一九八三年五月），頁一七九。

【其他重要參考書目及期刊】

1. 十三經注疏本《周易》（台北藝文印書館，一九八一年）。
2. 周策縱《古巫醫與六詩考》（台北聯經出版社，一九八六年三月）。
3. 劉大鈞主編《大易集成》（北京新華書店，一九九一年二月）。
4. 張立文《帛書周易註譯》（河南中州古籍出版社，一九九二年九月）。
5. 張其成主編《易經應用大百科》（南京東華大學出版社，一九九四年四月）。
6. 陳邦賢《中國醫學史》（台北商務印書館，一九八一年三月）。
7. 傅為康主編《中國醫學史》（上海中醫出版社，一九九〇年一月）。
8. 沈福道《中醫與多學科》（台北旺文出版社，一九九三年一月）。
9. 任殿雷、趙國欣主編《中醫文化研究第一輯·中醫文化溯源》（南京出版社，一九九三年十月）。
10. 周振甫《周易譯注》（台北五南圖書公司，一九九五年六月）
11. 戴應新〈從周易探討西周醫學成就〉《中國考古學研究論集—紀念夏鼐先生考古五十週年》（西安三秦出版社，一九八七年一二月）頁三〇四—三〇九。
12. 夏克平〈醫易溯源〉《周易研究》第二期（一九八八年六月），頁八〇—八四。
13. 黃賢忠〈易經的醫學價值淺探〉《周易研究》第四期（一九八九年一二月），頁八三—八八。
14. 蕭漢明〈易經中的醫學萌芽〉《濟南國際周易討論會論文集》（北京文化藝術出版社，一九九一年二月）頁四二三—四三〇。
15. 王得敏〈醫易同源簡論〉《貴州社會科學文史哲版》第一一五期（一九九二年七月）頁三〇—三一。

宋儒張載「以易為宗」思想探析

張載是宋代理學的奠基者，也是四大學派之一——關學的開創者。他的成就得到理學家們的肯定，如程顥、程頤將他與孟子、韓愈相比；朱熹於《伊洛淵源錄》中，將其與周敦頤、邵雍、二程並列；《近思錄》也選錄許多張載言論，以為門生弟子進學之助。而後代統治階層的重視，也可看出他的影響：宋理宗封他為郿伯，從祀孔廟。元代趙復立周敦頤祠，以張載與程、朱配食。《宋史道學傳》為他立傳，頌揚他的德業。他的著作在明、清二代是開科取士的必讀書目，並於清初編入御纂《性理大全》和《性理精義》中，可見張載在理學發展上的貢獻與地位。

關鍵詞：宋明理學　張載　易學思想

壹、緒論

張載一生著述豐富，據朱熹《近思錄》、晁公武《郡齋讀書志》、趙希弁《郡齋讀書志附志》及《後志》、陳振孫《直齋書錄解題》記載，有《易說》、《正蒙》、《西銘》、《東銘》、《經學理窟》、《語錄》、《禮樂說》、《論語說》、《孟子說》、《橫渠孟子解》、《崇文集》、《祭禮》、《信聞記》、《文集》等。其中部分作品，宋以後就亡佚了。後經明代沈自彰、呂柟蒐集整理，才有現在所見面貌❶。

張載的理學思想體系，是在其易學研究的基礎上建立起來的。《宋史張載傳》說他的學問「以易為宗」❷，正點出關鍵所在。張載早年著有闡發《周易》經傳的《易說》，書中對其本體論、認識論和道德論的基本思想多所論述。《正蒙》一書則為張載後期所著，是張載一生思想言論的精華，書中並不專說《易》，但也是以闡述《周易》原理為主。由於《易說》是張載思想的起點，《正蒙》又對《易說》觀點作補充與發揮，代表張載最後定型的思想，所以研究他的學說，應注意從《易說》到《正蒙》學說觀點的發展過程，才能得到完整內容。

貳、張載對易學的體會

一、在吉凶占斷方面

《周易》在出現時，便被賦予決玄疑、斷吉凶的功能。一般義理派易家，或崇尚理性的思想家，大都置而不論。而張載的觀點正可讓我們重新思索此一問題：

> 易之為書，有君子小人之雜，道有陰陽，爻有吉凶之戒，使人先事決疑、避凶就吉。❸
>
> 天下之理既已思盡，因易之三百八十四爻變動，以寓之人事告人，則當如何時、如何事、如何則吉、如何則凶，宜動宜靜，叮嚀以為告誡，所以因貳以濟民行也。❹

張載認為能思盡天下之理的人，藉著易經三百八十四爻變動過程中所呈現的徵兆，可以看出事物發生變化之機，而採取「先事決疑，避凶就吉」的行動。

> 易於人事終始悉備：行善事者，易有祥應之理，萌兆之事；而易具著見之器，疑慮而占，則易示將來之驗。❺

張載雖然承認《易經》有決玄疑、斷吉凶，及預知未來的作用。不過這種作用並不是通過占筮，由神靈處得來的預言，而是存在卦爻上下的關係，經由卦象、卦爻辭所透露的訊息，被思盡天下之理、通曉人事始終之變的賢者體會後，才顯現出來的。換句話說：《周易》之所以具備預測未來之事的功能，並不在於他能溝通人神，而是卦爻變動中，本就顯露關於人事變化的普遍規律和經驗。又張載闡釋「易，逆數也。」引孟子的話說：

苟求其故，則千歲之日至，可坐而致也。❻

藉著過去的歷史教訓，可以推知將來的人事演變。由此可知，《易》所以可供人預測未來，正是由於它所蘊含的事物變化規律。這是張載以理性而不迷信來看待《周易》的最佳說明。

二、在易例取捨方面

張載對易例的態度是，不採取漢易象數派之互體、納甲、五行等說法，而吸收王弼的主爻說、中位說及應位說等。主爻說，如〈小畜〉注：「六四為眾陽之主，己能接之以信，孿如不疑，則亦為眾所歸。」❼中位說，如〈復六五〉注：「性順位中，無它應援，以敦實自求而已。剛長柔危之世，能以中道自考，故可無悔，不然取悔必矣。」❽應位說，如〈同人注〉：「二與五應，而為他間，己直人曲，望之必深，故號咷也。」❾不過張載在某些地方，仍有自己的看法。如他解〈既濟九五〉說：

東鄰殺牛，不如西鄰之禴祭，實受其福。東鄰，上六也；西鄰，六四也。過於濟，厚

> 也；幾於中，時也，濟而合禮，雖薄受福。九五，〈既濟〉之主；舉上與下，其義之得，不言而著也。⑩

按：本卦王弼依〈象傳〉：「初吉，柔得中。」認為六二爻是一卦之主。張載卻認為上六過於九五，為厚；六四近於九五，為時。六四（西鄰）之祭雖薄，但卻近於時中，故能「實受其福」。張載的看法正符合〈九五小象辭〉：「東鄰殺牛，不如西鄰之時也。」的說明。⑪

另外，張載以「乾坤卦變說」來解釋卦爻辭，也是他不同於前賢的地方。如〈噬嗑・彖辭〉：「剛柔分，動而明，雷電合而章。」王弼注、孔穎達疏皆取上下二體義來解卦，即本卦上卦為離、下卦為震，離柔震剛，故曰：「剛柔分」。張載的說明是：

> 九五分而下，初六分而上，故曰：「剛柔分」。⑫

他採用卦變說法：上卦為乾，下卦為坤。上卦九五爻往下居下卦初爻；下卦初爻往上居上卦五爻，就成了〈噬嗑〉卦。廖名春先生認為此一說法，可能是受程頤「乾坤卦變說」的影響⑬，真象如何，仍待查考，不過張載採用漢易卦變說，卻無疑義。

三、在義、象取擇方面

張載在取義或取象的順序上，主張「觀象以求意」。張載認為卦象是一卦之質，八卦都是依象來顯義的，所以只有對一卦之象細加玩味，才能通理明義。他說：

> 欲觀《易》，先當玩辭，蓋所以說《易》象也。不先盡〈繫辭〉，則其觀於《易》也，或遠或近，或太艱難。不知〈繫辭〉而求《易》，正猶不知禮而考《春秋》也。⑭〈繫辭〉所以論《易》之道，既知《易》道，則《易》象在其中，故觀《易》必由〈繫辭〉。⑮

張載認為，懂得卦義是學《易》的終極目標，但義存在卦象之中，所以要明義就離不開象，而要知象，就須從卦爻辭下手。至於〈繫辭傳〉是闡明易道的。對於易象、易理都有發揮，所以主張「觀易必由繫辭」。

又張載也很重視由〈象傳〉來體會卦義。他說：

> 〈易大象〉皆是實事，卦爻〈小象〉，則容有寓意而已。言「風自火出，家人。」家

之道必自烹飪始。風，風也，教也。蓋言教家人之道必自此始也。又如言：「木上有水、井。」則明言井之實事也。又言：「地中有山，謙。」夫山者崇高之物，非謙而何！又如言：「雲雷，屯。」雲雷皆是氣之聚處，屯，聚也。⑯

張載認為要明易理，須先從卦爻象入手，通過卦爻象才能探知卦義、爻義。由此可以發現，他這主張是受唐代以來易家的影響，而與程頤「由辭得意，象在其中」的觀點不同。

參、張載易學與其思想的建構

張載的理學思想體系是在研究闡發《周易》的基礎上建構起來的。他跳脫王注、孔疏以來的玄學易系統，發揮以陰陽二氣解易觀點，從而完成自己「氣一元論」的思想體系。

張載本體論的基本觀點是以氣為宇宙本體。他最早在〈易說〉中提出此一論點，其後於〈正蒙〉中，也就此一論點加以闡發。他在〈繫辭〉上針對「幽明」、「死生」的問題說：

天文地理，皆因明而知之，非明則皆幽也，此所以知幽明之故。萬物相見乎離，非離不相見也。見者由明，而不見者非無物也，乃是天之至處。彼異學則皆歸之空虛，蓋徒知乎明而已，不察乎幽，所見一邊耳。⑰

張載認為看得見之物稱為「明」，看不見之物稱為「幽」，惟「幽」並非虛無不存在的意思，而是天之至深，難以探知之處。那麼「明」、「幽」是怎麼形成的呢？他提出「氣」的概念：

> 氣聚則離明得施而有形，氣不聚則離明不得施而無形。方其聚也，安得不謂之客？方其散也，安得遽謂之無？故聖人仰觀俯察，但云「知幽明之故」，不云「知有無之故」。⓲

在本段文中，張載認為這宇宙間是由「氣」構成的，「氣」的存在形式有二種，一是凝聚的狀態，一是消散的狀態。聚則成為宇宙間的萬物，透過光色（明）顯現物的形體，使人看見。散則是另一種存在，無光無色，故人看不見。也就是說這宇宙只有「幽明」之分，而無「有無」之別。為說明「天之至處」的「幽」，張載又提出「太虛」的概念：

> 氣之聚散於太虛，猶冰凝釋於水，知太虛即氣，則無有有無。故聖人語性與天道之極，盡於參伍之神變異而已。諸子淺妄，有有無之分，非窮理之學也。⓳

太虛無形，氣之本體。其聚其散，變化之客形爾……氣之為物，散入無形，適得吾體；聚為有象，不失吾常。太虛不能無氣，氣不能不聚而為萬物，萬物不能不散而為太虛……聚亦吾體，散亦吾體，知死之不亡者，可與言性矣！⑳

宇宙間一切有形的物，與無形的虛空，都屬於「氣」的範疇，也都屬「氣」的不同表現。而「太虛」為「氣」散的狀態，也是「氣」的本體，萬物散入「太虛」，便恢復它們本來狀態，「太虛」聚為萬物，仍保有「氣」的本質。然而，「氣」從無形的本體狀態如何聚而為有形的萬物呢？張載再提出「感」的概念。這概念也是來自《易經》——〈咸卦〉：「天地感而萬物化生。」他說：

感之道不一：或以同而感，聖人感人心以道，此是以同也；或以異而應，男女是也，二女同居則無感也；或以相悅而感，或以相畏而感，如虎先見犬，犬自不能去，犬若見虎則能避之；又如磁石引針，相應而感也。若以愛心而來者，自相親；以害心而來者，相見容色自別。「聖人感人心而天下和平」，是風動之也；聖人老吾老以及人之老而人欲老其老，此是以事相感也。㉑

無所不感者，虛也；感即合也，咸也。以萬物本一，故一能合異，以其能合異，故謂

之感。㉒

「感」即感應的意思，指相對雙方在運動變化時的吸引或排斥作用。由於有「感」，萬物才能產生，各種不同的物質形態也才能相互作用，共同存在。天地萬物之間之所以存在相互感應現象，實因宇宙本身即由兩個相對的東西構成的。張載稱它為「一物兩體」。

一物而兩體者，其太極之謂歟。㉓

一物兩體者，氣也。一故神（兩在故不測），兩故化（推行於一），此天之所以參也。兩不立則一不可見，一不可見則兩之用息。兩體者，虛實也，動靜也，聚散也，清濁也，其究一也。有兩則有一，是太極也。㉔

張載一物兩體的觀點，說明天地間的事物都包含有相對應，相互依賴存在的部分，如缺乏此部分，也就談不到該事物本身的存在性。一與兩的關係，即一般與個別，普通與具體的關係。這種思想正是從《易經》：「易有太極，是生二儀。」衍生而來的。所謂一物，是太極，是氣；所謂兩體，是太極中的二儀，是氣中的陰陽。天地之間一切相對事物的感應，便是通過陰陽二氣的作用而進行的。此二氣是天地變化性能的抽象存在，並無具體的質態。不過，一旦太虛聚為萬物，有形無形對應存在時，陰陽二氣也就「循環迭至，聚散相蕩，升降相求，絪縕相揉，蓋相兼相制，欲一之而不能。」㉕又由於陽氣有代表天上升浮散的特性，陰氣有代表地下降沈聚的特性，在天尊地卑觀念影響下，陽氣被規範為主動的一方，稱為「健」；陰氣規範為被動的一方，稱為「順」。張載說：

太虛之氣，陰陽一物也，然而有兩體，健順而已。亦不謂天無意。陽之意健，不爾何以發散合一？陰之性常順，然而地體重濁，不能隨則不能順，少不順即有變矣。有變則有象，如乾健坤順，有此氣則有此象可得而言。㉖

陰陽二氣的規律既經確定，但因氣的健順運轉過程，有無窮變化，故而這秩序也常在不規律的過程中，只是這不規律中也須有規律的存在。在運轉中，陽勝陰則氣飄散輕揚而為天空太虛，陰盛陽則氣凝聚沉落，降為大地萬物。而萬物的生滅變化，又何嘗不是此一原則的體現？陰陽二氣運行流轉，生生不息，故萬物的生長消亡也永不間斷。陰陽交感，萬物化生的過程與規律，以及萬物生發後，自身發展變化規律，張載稱它為「道」：「由氣化有道之名」㉗不過這「道」是從屬於「氣」的，沒有「氣」的運轉相生，也就沒有「道」的存在。這就是張載「氣一元論」的思想。

張載「氣一元論」的思想，否定王弼一脈以無形為空虛的主張，也與二程以理為本的觀點不同。以下分別說明：張載在「氣一元論」的基礎上，闡明《易經》哲理中，氣與象的關係。王弼一脈以玄理解易，認為天地萬物以無為本，主張忘象以求義，排斥易象的價值。張載於此論點上，首先區別形與象的不同。他認為形是可見的，象則指剛柔動靜等性能，有象者不一定有形，但有形者必有象，提出無形有象的說法：

故形而上者，得辭斯得象，但於不形中得以措辭者，已是得象可狀也。今雷風有動之象，須得天為健，雖未嘗見，然而成象，故以天道言；及其法也則是效也，效著則是成形，成形則地道也……有氣方有象，雖未形，不害象在其中。㉘

形而上的氣雖然無形，但既然可以用辭來表達說明，就證明它無形而有象，並非虛無。換言之，這種道器觀肯定形而上的氣，不能脫離物象領域，道器之分，只是象、形之分，所以道不能無。張載此一論點，強力否定老氏和王弼一脈有生於無，天地以無為本的主張。以當時時代背景來說，也否定周敦頤以無極為世界本源的觀點，及佛學以空虛為萬物本性，否認客觀世界真實存在的論述。若從易學的角度來說，張載所提出的捨氣無象，捨象無義，又認為「得辭斯得象矣，故變化之理須存乎辭。」㉙也是明顯否定王弼「得意在忘象，得象在忘言」的論點。

再就二程來說，陰陽二氣被他們視為形下之氣，認為氣與象只不過是理的一種表現形式，並不是理。所謂「理一分殊」㉚，氣與象便是「殊」，「理」是唯一的，也是本。張載則以「氣」來代表形而上的概念，認為有氣方有象，象為氣之變化所生：「凡可狀，皆有也。凡有，皆象也。凡象皆氣也。」㉛這是說凡可名狀的，都是一種存在，凡存在的都有其象，氣的原始面貌雖是虛、是無形，但物體的形成卻是氣之陰陽運轉而成。由於張、程雙方在此根本問題上的解釋不同，所以在理解《易・繫辭》：「形而上者謂之道，形而下者謂之器」時也不相同。程氏認為形而上是抽象的，精神上的道；形而下則指現實存在的物質實體。道與器的關係，即精神與物質的關係。張載則認為形而上是指清通無形的太虛，形而下是指有形的萬物。他認為是氣化而後有道，（清初王夫之主張理在氣中，即承此而來。）所以道必須歸根於太虛（即氣）。張載的論點是有根據的，他發揮〈繫辭傳〉「一陰一陽之謂道」的思想說：「神，天德；化，天道。德其體，道其用，一於氣而已。」㉜他認為天道即易道，道即陰陽二氣相推變化的過程與規律，這實即否認道為本體的說法。又張載以一物兩體說明〈繫辭傳〉「易有太極，是生兩儀。」以氣為一，為太極；以陰陽二氣為兩，為道（一陰一陽之謂道），這些不僅說明張載的學說確有「以易為宗」的特色，也指出與二程學說的不同處。二程的學說對當時及元明兩代有莫大影響，而張載的主張，卻得到王夫之的極力推崇，或可說是各擅勝場吧！

肆、結語

張載一生用心儒學，尤其強調「學貴心悟，守舊無功。」[33]從不人云亦云。然其弟子呂大臨在其死後，撰寫〈行狀〉時，竟說他老師於京師見二程後，便「盡棄其學而學焉」，程頤知道後即指出「表叔平生議論，謂頤兄弟有同處則可，若謂學於頤兄弟，則無是事。」[34]囑咐呂大臨刪去。二程弟子楊時在〈跋橫渠先生及康節先生人貴有精神詩〉中云：「橫渠之學，其源出於程氏，而關中諸生尊其書，欲自為一家。故余錄此簡以示學者，使知橫渠雖細務，必資於二程，則其他故可知也。」[35]這段話想來也是不符事實的。本文第三節已指出張氏與二程的思想有根本上的差異，可為佐證。

又《宋元學案序錄》認為北宋時期侯可、申顏兩位學者「開橫渠之先」，惟侯外廬反對這種說法，他認為關學沒有淵源，張載也無師承。張載的學說是歷經幾十年的探索，於《易》中深造有得，自己體會出來的。[36]正如朱熹所言：「橫渠之學，是苦心得之。」「橫渠之學，苦心力索之功深。」[37]

王夫之是最推崇張載易學的清初學者，他在《張子正蒙注序論》中說：

張子言無非《易》，立天、立地、立人，反經研幾，精義存神，以綱維三才，貞生而安死，則往聖之傳，非張子其孰與歸。㊳

這段話中，王夫之表明兩個重點，一是張載的學問以易為宗；一是王夫之以張載的學行作為自己效法的對象。王氏對他的信服，可從下例看出來：《周易外傳·繫辭上》：

天下惟器而已矣，道者器之道，器者不可謂之道之器也。無其道則無其器，人類能言之。雖然，苟有其器矣，豈患無道哉……無其器則無其道，人鮮能言之，而固其誠然者也。㊴

這觀念明顯是源於張載氣為本體的論點而來的。無怪熊十力會說「余昔與人書，有云：『船山《易內外傳》宗主橫渠，而和會於濂溪、伊川、朱子之間。』……船山哲學，實為振起沈痾之良藥。」㊵這段話雖是讚美王夫之，卻也間接肯定張載「以易為宗」的思想，確是有助於名倫教化及世道人心的。

伍、註釋：

❶ 大陸中華書局於一九七八年出版《張載集》，蒐集迄今所有保存下來的張載著述，並根據各種版本作校訂、補遺的工作。集中收有〈正蒙〉（〈西銘〉及〈東銘〉併入〈乾稱〉篇中）、〈橫渠易說〉、〈經學理窟〉、〈張子語錄〉、〈文集佚存〉、〈拾遺〉、〈附錄〉等，是目前最好的版本。台北里仁書局之《張載集》（一九七九年），與此為同一本書。

❷ 《張載集・附錄・宋史張載傳》，台北里仁書局，一九七九年，頁三八六。

❸ 同註❷，〈易說・繫辭上〉，頁一九三。

❹ 同註❷，〈易說・繫辭下〉，頁二二六。

❺ 同註❹，頁二三一。

❻ 同註❷，〈易說・說卦〉，頁二三五。

❼ 同註❷，〈易說・小畜〉，頁九二。

❽ 同註❷，〈易說・無妄〉，頁一一四。

❾ 同註❷，〈易說・同人〉，頁九八。

❿ 同註❷，〈易說・既濟〉，頁一七五。

⓫ 同註❿。

⓬ 同註❷，〈易說・噬嗑〉，頁一〇八。

⓭ 《周易研究史》：「張載講乾坤卦變，可能是受到程頤乾坤卦變說的影響，不過他與程頤不同之處是程氏只講乾坤卦變，而張載受孔疏影響，又吸取漢易的卦變說，如以為〈歸妹〉來於〈泰卦〉，〈漸卦〉

可以變為〈否卦〉等。」大陸湖南出版社，一九九一年七月，頁二八〇。

⑭ 同註❸，頁一七六。

⑮ 同註⑭。

⑯ 同註❷，〈易說・豫〉，頁一〇〇。

⑰ 同註❸，頁一八三。

⑱ 同註⑰。

⑲ 同註❸，頁二〇〇。

⑳ 同註❷，〈正蒙・太和〉，頁七。

㉑ 同註❷，〈易說・感〉，頁一二五。

㉒ 同註❷，〈正蒙・乾稱〉，頁六三。

㉓ 同註❻。

㉔ 同註❻，頁二三三。

㉕ 同註❷，〈正蒙・參兩〉，頁一二。

㉖ 同註❺。

㉗ 同註⑳，頁九。

㉘ 同註❺。

㉙ 同註❸，頁一九八。

㉚ 「理一分殊」是二程對張載〈西銘〉觀點的概括用語，張載本人未直接用此命題。按程門弟子楊時認為張載〈西銘〉之論與墨子「兼愛」之說無異，程頤糾正他說：「〈西銘〉之為書，推理以存義，擴前聖

所未發，與孟子性善養氣之論同功，豈墨氏之比哉？〈西銘〉明理一而分殊，墨氏則二本而無分。分殊之蔽，私勝而失仁；無分之罪，兼愛而無義。分立而推理一，以止私勝之流，仁之方也。無別而迷兼愛，至於無父之極，義之賊也。子比而同之，過矣！」《河南程氏文集卷九》「理一分殊」的提出，最早見於此。南宋朱熹極欣賞此一用語，他常藉佛教「月印萬川」來說明「理一分殊」。清初王夫之則極力批判此一比喻，他指出天上的月亮是實有的，江河湖泊映出的，只是月亮的影子，如此一來「理一」所派生出來的「萬殊」，不就成了虛幻的影子。王氏認為朱熹是犯了釋氏以「萬殊」為虛幻的謬誤。

㉛ 同註㉕，頁十一。

㉜ 同註❷，〈正蒙·神化〉，頁一五。

㉝ 《宋元學案·卷十八橫渠學案下》，世界書局，一九八三年，頁四三五。

㉞ 同註㉜，頁四四三。

㉟ 同註㉝。

㊱ 《宋明理學史》上卷，北京人民出版社，一九八四年，頁九三。

㊲ 同註㉜，頁四四四。

㊳ 同註❷，《張子正蒙註·序論》，頁四〇九。

㊴ 《周易外傳》，北京中華書局，一九七七年，頁二〇三。

㊵ 《讀經示要》，卷二，台北明文書局，一九八四年，頁四八一。

融佛入儒──論熊十力的易學成就

熊十力（1885-1968）是當代哲學界頗富思辨性及形上氣味的原創型學者。他一生著述三百多萬言，專書二十餘本。研讀他的作品，可以深刻感受到，人文精神的探求及本體論的建構，一直是他學術用心所在。而中國傳統哲學的現代化，也是他自我期許的學問關注點。馮契稱許他是五四以後最有成就的職業哲學家。姜允明更推舉他為當代新儒家中傳統思想的集大成者，可以視為當代新儒家的開山祖師。由此可見他在當代哲學界的地位。

熊先生的哲學研究，是從佛學的法相宗唯識論入手，其後對佛教的空論產生質疑，乃轉求《易經》，以變易作為他思想的中心，遂創一變動的本體。他認為本體是動，動即是用，體用不二。而其實現，都在人心，心和境也是同一的。他的重要著作有批評唯識宗的《新唯識論》，講解佛學名義的《佛家名相通釋》。講解易經部分有《乾坤衍》、《讀經示要》。關於本體建構方面則有《體用篇》和《明心篇》。

關鍵詞：熊十力、新儒家、新唯識論、易經。

一、易學體系的建構

熊先生在《讀經示要》中說：「吾平生之學，窮探大乘而通之於《易》。尊生而不可溺寂，彰有而不可耽空，健動而不可頹廢，率性而無事絕欲，此《新唯識論》所以有作，而實根柢《大易》以出也。」❶熊先生從小便對歷代易家及典籍有廣泛涉獵。其中又「甚好王船山《易內外傳》」，「覺其深思特識，漢宋諸名儒未有能及之者。」❷甚且明白表示「《新論》之作，庶幾船山之志耳！」❸事實上他在北大講唯識學時，便採用王夫之的易學觀點，來進行融易入佛的嘗試。❹其後發覺唯識學有其侷限，乃歸本於《易經》，而完成他的《新唯識論》。以下從他的《新唯識論》談起。

熊先生早年從歐陽竟無研習法相宗，後竟批判唯識論。他分佛學為有、空兩大部份。談有，為小乘；談空，為大乘。在小乘談有中，亦有人談空，惟這空還滯著有。直至龍樹及其弟子提婆，才真正建立空論。祇是空宗也有不足，即過於執著空，使心成空執的心，故又有大乘有宗的出現。熊先生便以法相宗為大乘有宗：

法相宗，有宗之異名也。相者，相狀或形相。有宗解析諸法形相或緣生相，其旨在於析相以見性。（析諸法相，而知其無自性，則即諸法而見為實性之顯現也。）無著本旨如此，世親唯識便失此意，此《新唯識論》所由作也。❺

按：佛教的認識論，以唯識論為中心。此說認為識由種子功能而生，識的對象（境）不存在，為空，識則存在。識的存在，不是剎那的識，而是真如的心。真如即為法性，是最後的實體。阿賴耶識則為法相。法相宗的主旨，在於研究一切存在的物質，由無著所創。他的弟弟世親繼承此一思想，並予以系統化。其後玄奘便成立法相宗。

在前段引文中，熊先生指出無著法相與世親唯識的不同點：他認為法相析相以見性，則性為實有。唯識以萬法唯識，心外無境。而境為感官的對象，且為第八識（阿賴耶）種子所造❻，非實有。既非實有，何來本體？進一步說，識由何來？識由種子生。種子何在？在人心中。那人心又何來？人心在我內。而我為假我（心外無境），則人心便懸在虛空中，而失掉本體。為解決此一問題，熊先生乃回歸《易經》，借用太極和乾坤的觀念，建立一己之本體論，再用佛學的思想方法講本體，以完成他的《新唯識論》。

《新唯識論》的出現，對熊先生而言，實有兩個重大學術意涵。其一是由佛轉儒，其二是唯識學的中國化。

就第一點而言：熊先生出佛入儒的轉變，說明他的人生觀正由消極無為的出世，轉為精進健動的入世觀。他解釋由佛返儒的心路歷程時，指出儒家勝過佛教的五個優點❼。熊先生也是以此為基準，來檢討唯識學理論，其中又以對輪迴說的批評為重點。輪迴說是佛法的根本，也是唯識宗建立阿賴耶識，劃分種、現二界的主要依據。熊先生則認為以輪迴解釋生命現象，從理論上推衍，必設定有一超越萬有之上的主體。於是佛家所竭力破斥的外道神我，實際上便以另一種方式保留下來。而這以「小己」為體的神我，與領悟萬法的實體是不相容的，與三法印之一的「諸法無我」也是直接對立的，這是理論上的混亂與矛盾。蓋既講「無我」，又如何允許有一生命主體在輪迴，得業報呢？故而熊先生主張以《易經》剛健不已，日新不息的思想來取代佛家畏業力、果報，求小我福果的輪迴說。如此其精進健動的人生觀，便和《大易》周流變化的思想相融合，使其入世理想有穩固的形上學基礎。

就第二點而言：熊先生之於唯識學，並非全予否定，反而是站在儒學傳統的立場，展開新的詮釋，使之趨向中國化。他認為儒家經典為中國傳統文化的代表，其內涵為內聖外王之學，而內聖學的主幹就是《易經》的本體論。所以他有意識地將唯識宗的宇宙本體說，轉化為儒家內聖學的系統，然後歸融於《易》。在他的《新唯識論》裡，處處表現極為鮮明的融合色彩，同時也充滿現代闡釋的意味。如此作法雖然已超越《易》學內容本身的涵蓋範圍，不過也祇有在如此的格局下，熊先生才能將唯識學的內容整合在他的哲學體系之下，而他批判佛家空、有兩宗並折衷於《易》的思維，也才有超越時代的意義與價值。❽

二、熊先生的易學本體論

(一) 體用不二

程頤作《易傳》，於序中明揭易學要旨是「體用一源，顯微無間」。程頤所說的顯、微，相當於佛家所謂性、相。性是微，相是顯。熊先生也提出相應的概念，即「體用不二」、「性相一如」。他說：

> 須知體用可分而不可分。可分者，體無差別，用乃萬殊。於萬殊中，而指出其無差別之體……本無差別之體，而顯現為萬殊之用。虛而不屈者，仁之藏也。動而愈出者，仁之顯也。是故繁然妙有，而畢竟不可得者，假說名用。寂然至無，無為而無不為者，則是用之本體。用依體現，體待用存。所以體用不得不分疏。然而，一言乎用，則是其本體全成為用，而不可於用外覓體。一言乎體，則是無窮妙用，法爾皆備，豈其頑空死物，而可忽然成用？⑨

這段話說明體用可分，是由於「體無差別，用乃萬殊。」不可分則是萬殊中，皆有其無差別之體。這觀念比程頤更深一層，因為《易傳》所說的「一源」，在意義上說，體用還是二件事；說「無間」，則顯、微也是二件事。熊先生則不然，他主張現象（用）就是本體，並不是在現象之外，另有一個本體。如他批評道家說：

老莊言道，猶未有真見。略舉其謬。老言混成，歸本虛無，其大謬一也。老莊皆以為道是超越乎萬物之上，倘真知體用不二，則道即是萬物之自身，何至有太一、真宰在萬物之上乎？此其大謬二也。道家偏向虛靜中去領會道，此與《大易》從剛健與變動的功用上指點，令人於此悟實體者，便極端相反……此其大謬三也。道家之宇宙論，於體用確未徹了[10]。

這段話明顯指責道家將道與萬物二分，為不知「體用不二」之理；將本體之道視為虛無，「偏向虛靜中去領會道」，也與儒家剛健、變動的易理不同。佛家的性相說，也有同樣的問題，他說：

大乘法性一名，與本論實體一名相當。大乘法相一名，與本論功用一名相當。然佛家性相之談，確與本論體用不二義，皆極端相反，無可融合[11]。

佛家在談性、相時，總把它割裂對立起來。然而大乘空宗在破相顯性時[12]，若將相破盡，則性又如何存在？最後結果便是相空、性亦空。換言之即用空，體亦空。熊先生則以海水為喻：眾水波是法相，大海是法性。水波是大海所成，大海即水波自身，故性、相是不離的。[13]若以空來釋相，則性也成了空無寂滅的性，這是空宗學理上的矛盾。有宗亦同，他們將宇宙體原與真如本體分為二片，認為本體是無為、無起作的，不能生化物事。則所謂宇宙，便須另有根原，如種子。熊先生也批評說：

> 本體是絕對的真實，有宗云然，本論（新唯識論）亦云然。但在本論，所謂真實者，並不是凝然堅住的物事，而是個恆在生生化化的物事……我們不能捨生化而言體，若無生化，即無起作；無有顯現，便是頑空。[14]

有宗不承認生化流行的過程，就是宇宙的本體，卻認為在此過程外，另有一本體，這也是割裂了本體與現象，是熊先生極力反對的。那麼他這理論是從何體會來的呢？這便需從他的《易學》談起。

（二）一元乾體

對於《易》的本原，熊先生說：

今之言《易》者，但據《周易》即辭以究義，毋取拘牽象數。六十四卦，以類萬物之情，以盡變化之故。其根本原理，則以太極之一元，顯為陰陽對待，相反相成，而變動不居也。⑮

熊先生推崇義理，不喜象數。對王弼、二程、張載、朱熹、王陽明、王夫之、胡煦諸人，多有相應的慧解。然於漢以降之象數，則屢有批評，從京房、虞翻到邵雍、焦循等人均被他斥為術數小技，不識本體。這從《十力語要初續·與人談易》章，及《讀經示要》卷三中，可以綜觀得之。又他在《與張岱年論學書》中特別強調《易》為一元而非二元說：

《易》之乾元、坤元，實是一元，非有二元。坤之元，即乾之元也。自來易家言象者，以乾為天，以坤為地，然皆曰：「天包地外，地在天中。」則坤非離乾而別有其元。此義甚明，如何不察？《繫傳》言：「立天之道曰陰與陽，立地之道曰柔與剛，立人

> 之道曰仁與義。」夫道，一而已。立天者此道，立地者者此道，立人者此道。然道本不貳而至一，但其發現則不能不化為兩……若不明乎此，而遂謂陰陽（柔剛、仁義）為二元，則道將成兩片死物，又安有圓神不滯，變動不居之大用哉？[16]

熊先生認為易之道為一元，雖說立天的道有陰與陽，立地的道有柔與剛，立人的道有仁與義，然同樣都是此道，祇是在發現流行的過程，有陰陽、柔剛、仁義的顯現，卻不能說陰陽是二元。他另於《語要》卷四中闡明：

> 易有太極，太極即乾元也，非更有為乾元所從出者名太極也。乾道，進進也，變動不居也，生生不息也，故謂之元。坤實非元，其體即乾也。乾為神，坤為器。神者固器之體，器成，則神即器而存，故不可離器而求神。凡有質，皆器也，即皆神之運行也。[17]

由上可知，熊先生在本體的層次上是一元的，而在功用的層次上，才有一元所衍化的兩行。換言之，易的本體，祇是一元乾體，亦即太極，它具有變動不居，生生不已的性質和能力，而陰陽、柔剛、仁義等兩行，祇是乾元道體的大用。乾元即太極，不可說乾元之上另有太極。當然這乾元太極也不能自外於兩行之用。這正是熊先生體用不二的主張。

(三)乾元性海

熊先生在易理哲學上的另一成就，是創造「乾元性海」的概念。所謂性海，是譬喻真如之道，深廣似海。按佛家以真如、法性為本，由此派生一切現象，也是一切現象的普遍共性，後來學者所說的「月印萬川」、「理一分殊」都是這種理路。熊先生接受此一觀點而另有創發。他說：

> 《易》贊乾元曰：「元者，善之長也。」此善字義廣，乃包含萬德萬理而為言……萬德萬理之端，皆乾元性海之所統攝……故曰：「元者，善之長也。」……所以知乾元為善之長者，人道範圍天地，曲成萬物，無有不循乎理而可行，無有不據於德而可久……乾元性海，實乃固有此萬德萬理之端，其肇萬化而成萬物萬事者，何處不是其理之散著，德之攸凝。⑱

在熊先生的概念裡，乾體是至大無外，且含藏萬理、萬德、萬化，而不可窮盡的。不過這概念不祇是一般本體概念，其中還有道德的根源，也就是人的本體論，或說是道德形上學的概念。熊先生認為，本體必須具有無量盛德，才能成為萬物的本體；也衹有人，才具有即物窮理、反己據德之性，進而能「實現天道於己身，而成人道，立人極。」⑲也就從人道的徵驗上，知萬德萬理之端，即天道所本具，也是「乾元性海」所固有。循這理路思考，易學本體論的根源，應回歸到天人之際、性習之間，而不允許有外在超絕的天、帝存在。

《易》道廣大悉備，其綱要在天人、不明天人之故，未可讀《易》也。天道成萬物，而萬物以外無有天，此理根也。（萬物之原曰理根，見郭象《莊》注。）於此不悟，將於現實世界以外，信有上帝，於變異的現象之外，求有靜止或不變的實體，其謬誤不待言……宇宙萬有。不是如幻如化，不是從空無中忽然生有。是故言天道：天道成萬物，萬物以外無有天。是故尊人道：人者，萬物發展之最高級也。萬物得天而生，既生，則昧於其所由生……故莫能完成天道。惟人也，性靈發露，良知顯現……始盡人道以完成天道矣……談本體而不悟即人即天，即天即人，便不能悟到天道待人能，而始得完成，是於天，於人，兩無所知也。⑳

人由天生，天待人成，這是即天即人，即心即理的本體論。因此「乾元性海」中，已具足人性，不待外求。佛家毀生人之性，趣寂滅之鄉，便未識此理。而熊先生建構宇宙本體以善性，正是他的易學所以有別於佛、道諸家，並見出其生命價值與由佛轉儒的路徑所在。

（四）一元兩行

熊先生的易學觀既以「乾元性海」做為宇宙萬象的根源，與生命道德的根據，則此本體必是一元的。既為一元，則天道與人道、本體與現象、精神與物質、客觀與主觀，以及道器、心物、理氣、性相等，熊先生皆作融貫的理解，反對將它們分成兩片。這是他對《周易》的主要體驗和詮釋。

其次，熊先生的《易學》本體論，不僅重視一元之體，也重視兩行之用，因為離開兩行（用），則一元（體）也喪失了。他這觀點除源自〈易傳〉「一陰一陽之謂道」、「陽中有陰、陰中有陽」的啟發外，實也受宋明理學家的影響。如張載提出的「心統性情」說，朱熹進一步發揮成「性是體，情是用」，「心有體有用，未發之前是心之體，已發之際乃心之用。」王夫之的易學，更是直接從體用、道器，來論證兩行之理。熊先生即循此而提出「一元兩行」說。

> 《易》曰：「一陰一陽之謂道」。陰陽者，道體之發用，而道體不即是陰陽。從來誤解者，直謂陰陽即道，而忽視兩一字。程子曰：「陰陽非道也，其所以一陰一陽者，

道也。」此為得之。細玩兩一字，則明道體之成變化，而顯為一陰一陽，故於此而謂之道。蓋道體渾然絕待，豈是陰陽二物之合？但其成變化，則顯為一陰一陽。譬如一大海水，其成變化，則顯為各各漚波也。道體不即是陰陽；然不可離一陰一陽；而覓道體，故曰一陰一陽之謂道。㉑

道體呈現的過程是一陰一陽，陰陽不是沈寂不動，也不可說陰陽即道體。熊先生又說：「大用流行，即是真體呈現，是故變易即不易，而體用不二。……由體成用，說不易即是變易。從用見體，說變易即是不易。」㉒他認為道體即不易，一陰一陽為變易。所謂體用不二，即不易與變易不二。由體成用，是由不易而成變易；從用見體，是從一陰一陽的變易中見出不易。這與王夫之《易傳》中對孤陽不生，獨陰不化，陽中有陰，陰中有陽等主張，是同一思考理路的。

三、結語

熊先生對易學體系的研究，雖由佛教大乘入手，而實根柢周易而出。他以「體用不二」為思想宗旨，認本體與現象不能兩分，由本體而現象，由道而一陰一陽，並非兩分，而是呈顯流轉的過程。此一本體，熊先生稱他為「一元乾體」，此一乾體具有無量盛德，是善性的根源，且為派生一切功能、現象的主體，稱之為「乾元性海」。而「一元兩行」，則為此派生過程的理論推衍。

注　釋

❶《讀經示要》，台北明文書局，一九八四年七月初版，頁六〇四。

❷《新唯識論》，北京中華書局，一九八五年，頁六二。

❸同註❶，頁六〇六。

❹如他將王夫之易學中的神化思想，和佛家的刹那生滅義匯合起來，成為他以後詮釋本體變化的主要理論依據。又如他在闡明變的「轉易」、「無盡」時，也與王夫之「乾坤並建」、「陰陽十二位」等說，有頗多神似之處。

❺《佛家名相通識》，台北廣文書局，一九七四年，卷上，頁四。

❻唯識論講八識，第八識藏有種子，即認識的能力。由種子薰息而造境，因境而有行，由行又造種子，週流不斷，於是有輪迴的業。

❼儒家的五個優點是：一、宇宙觀，人生觀無虛妄分別，對本體有真實了解。二、規模宏大，能納百家之長，兼容並蓄。三、不反對知識，能與科學相得。四、倡正德利用厚生，言人欲可用，符人文進展方向。五、重經濟，有治國修齊之道，泛愛萬物之大同理想。《十力論學語輯略》，頁七三—七五，後收入《十力語要》卷一中，台北洪氏出版社，一九七五年九月初版。

❽對於熊先生由佛轉儒的歷程，及將唯識學歸宗於《易》的學理，我們應作深層的理解，而不應自限立場的批評他。事實上，佛教自傳入中國後，便一直進行著與儒學相融攝的過程。大乘有宗的唯識論，早自魏晉南北朝時代，便有不少譯介作品傳入，至唐玄奘更盛極一時而開創唯識宗。然終究因未能充分與

中國文化相融攝，而成為諸宗派中，存世最短的一個。熊先生有鑑於此，乃找出唯識學的不足處，並致力於傳統文化相融合。就這一點來說，是很有價值的。

❾同註❷，頁三八四—三八五。
❿《體用論・贅語》台北學生書局，一九七六年，頁三。
⓫同註❿，頁三三。
⓬熊先生說：「大空學派開山諸哲，實以破相顯性為其學說中樞。」見《體用論》，頁三九。
⓭同註❿，頁四十。又《十力語要》卷一，頁六四，也申述此一觀念。
⓮同註❷，頁四〇一。
⓯《十力語要》，台北洪氏出版社，卷一，頁九—十。
⓰同註⓯，頁十五—十六。
⓱同註⓯，頁五五二—五五三。
⓲《原儒》，台北明倫出版社，一九七一年，卷下，頁六。
⓳同註⓲。
⓴《明心篇》，台北學生書局，一九七九年，頁一七六—一七七。
㉑同註❶，頁二二一—二二三。
㉒同註㉑。

易學研究國際化的困境與反思[1]

壹　國際化與本土化孰重

學術研究應以本土化為準，或以國際化為重？是近幾年常提出討論的問題。本土化論者，如楊國樞院士等人，主張研究者的研究活動與知識體系，和被研究者的實質內涵，應有相當的契合。在這「研究契合論」的逐漸成形下，他們認為學術研究本土化，就應選擇本土題材作研究，不可任意套用他國理論與方法，不追求國際學術界的認同與報酬。因為他們的理論與標準，未必適合於本土。甚至要與本土以外的學術機制保持距離，以確保本土學術的純粹性。

而主張國際化的論者，如故中研院院長吳大猷院士則指出：「過度強調本土化，跟關起門來做黃帝，沒什麼兩樣。」人文社會組院士朱敬一教授也撰文呼籲：學術研究應朝國際化發展，本土題材的研究對象，應選擇能跨地域、或跨時間的主題，以求具有「人類共通性」。因此，學術本土化不必然需要鼓勵，本土化研究未必要從寬從優，甚至召開名為「國際」的學術研討會，卻缺乏跨地域、跨時間的延展性主題，則不過是假國際之名以虛張聲勢而已，

都應該被唾棄與譴責的。❷

由於朱教授的觀點，對目前台灣人文社會科學的研究獎助與出版，都具有相當影響力，暨南大學人文學院院長蕭全政教授擔心這樣的論點會極度壓縮人文社會科學的發展空間，於是也撰文回應。他說：凡是承襲牛頓物理式古典自然科學觀，而強調透過不斷的數量檢證，以找尋放諸四海皆準的一般化理論或模型者，皆會主張朱教授式的國際化。因為就他們看來，社會科學就是普遍適用或普遍為真的科學，故沒有所謂中國式或本土化的社會科學。然而，從自然科學發展史上看，牛頓物理式古典自然科學觀，早已在相對論、量子力學和混沌理論的發展下，不斷的被解構與重構。由此可知，宇宙和人類社會，實際上都不存在永恆不變的真理，或超時空的共通性。所謂「人類共通性」，其實一點也不共通，就算同一個人，在不同的時空下，也會展現不同的樣貌和行為，而且產生不同的因果影響。故蕭教授認為：對人文社會科學而言，找尋超時空的「人類共通性」，不再如此具有意義，反而透過對本土複雜的因果分析，加以解釋、預測，以控制或解決本土實際的社會問題，才是更重要的關鍵與方向。❸

綜觀上述本土化及國際化的主張，實皆有其發人深省之處，不過就筆者體會所得，似乎蕭教授的論點，較符合目前易學研究的現況。以下便做進一步的探討。

貳　當前易學研究的困境

在傳統學術中，一直陷於本土化或國際化困境裏的，當以經學為最！而諸經中又以易學的定位最模糊。以目前兩岸三地的易學研究現況來看，可以理出三點困境：

一、學術與術數不分

一般人對易經的印象，仍停留在占筮斷吉凶之流，而忽略易學本有的理論基礎。以宋代而論，北宋學者如張載，即明言精研易學，可以預知未來❹；南宋理學大師朱熹作《易本義》，篇首亦明列占筮之法，他們敢以一生的學術清譽，做如此明白的表達，實在是因為易經確有占筮吉凶的功能。當然前提是要通曉承、乘、比、應的爻位關係，及明辨時、位、中、正的出處變化道理。

反觀某些對易經極端排斥的所謂衛道人士，將它視同於民間術士口耳流傳的俗文化，甚至認為是傳統餘毒，登不了國際舞臺，而加以詆毀排擠，必欲除之而後快。這是當前易學發展的最大障礙。

二、研究方向偏差

不容諱言，兩岸三地的易學研究，也存在研究方向偏差的問題。首先是沉迷於「名」、「利」之中。所謂「名」是指急於求得國際學術界認同，而任意套用主流學術界的理論或方法，於是斧鑿形似，削足適履的情況，便常有所聞。如西學中源說盛行時，即說易經包含一切西學的成分；大陸哲學聲浪高漲時，又疾呼易經中充滿唯物辯證思想；最近科學大進，於是易經又成為科學的淵藪。這些都是不健康的發展。所謂「利」是指一些初入門檻，學得皮毛的人，發覺從事學術性研究，是一條漫漫長路；於是披著學者外衣，口喊振興本土學術，卻去從事江湖術士之流的鑽營牟利行徑，導致整個易學界烏煙瘴氣，深怕一言有失，便被貼上術士之名。

再者，近十幾年來易經學者（含博碩士研究生）選擇發表的研究題材，有許多是易學發展過程中，缺乏跨地域、跨時間延展性，而遭淘汰的旁支異說。套用朱敬一教授的說法便是反「人類共通性」的封閉性題目，如飛伏、八宮、世應等象數災異之學便是。殊不知在人文思想愈成熟的時代，象數災異之學便愈沒落，這是歷史抉擇的結果，若不尊重此一洪流，而仍佇足留連其中，祇怕是緣木求魚，白費學術生命罷了。

三、優秀人才不足

一門學問是否能永續發展，與研究人才素質的高低，數量的多寡，有絕對關係。以當前學術界現象而言，台灣研究易學的人才，多集中於中文系；大陸則多集中於哲學系。台灣各大學的中文系，多是芸芸考生不得已的選擇，入學就讀後，會選擇易學（經學）作研究的，更是少之又少。探究其因可知：經書文辭較艱深，內容也較枯澀，難以在學子間引起共鳴，此其一。易學（經學）研究，欠缺學以致用的誘因，學子為將來出路著想，多選擇現代文學類，或應用中文類的科目鑽研，以謀一技之長，此其二。各大學易學（經學）課程，多安排為選修，相對的易學（經學）師資便少，以有限的師資，去教授欠缺誘因的易學（經學）選修課程，窘困的狀況，不言可喻，此其三。進中文系就讀的學生，一般而言外語能力多不佳，即使選擇易學（經學）作研究，也是把大量時間花在國學基礎的了解上，而無暇加強原已薄弱的外語能力。故想吸收國外新知，踏上國際舞臺，實在困難重重，此其四。從以上說明可知，吸引優秀人才，充實易學（經學）陣容，確為刻不容緩的事。

四、研究環境欠佳

我國學術研究環境，向來是經濟為重、科技為先，至於人文社會學門則未受到應有的關注。而人文社會學門中的文史哲三門，又是常受冷落的一群，故而在教學設備、圖書購置及研究計畫獎勵等項目上，都呈現出聊備一格的現象。茲以圖書文獻為例，國內學術團體，並不重視古籍整理工作，學者即使耗盡心血將古籍原典重新注譯，也面臨無處出版的困境。原因無他，祇為學術高層機構，將這些工作定位在「非研究性」、「非原創性」項目。殊不知基礎文獻不通俗化、不普及化，又如何引起學子注意，進而深入研究呢？

再從研究計畫獎勵的角度來看，自遷台以來，國內幾乎未進行過官方主導的大型易學（經學）研究計畫，各大學也幾乎未成立專屬的易學（經學）研究中心。反觀大陸於一九八二年成立「國務院古籍整理出版規劃小組」，專責進行古籍點校出版工作；且各重點大學如山東大學成立「周易研究中心」，福建大學成立「易學研究室」等，以從事學術統合工作。而經濟富裕、學術地位日漸提升的國內學術界，反倒對人文社會學門如此不重視，豈不令人感到驚訝！

參　對當前易學研究的建議

本文一開頭曾提到學術研究應以本土化為準，或以國際化為重的議題。經過以上各點研究困境的說明後，相信大家都已體認到，學術研究應先立基於本土化，一門學科若未能在本土落地生根，不先將基礎打好，便企求國際化，似乎是有些不切實際。待得基礎穩固，學術水準普遍提升後，再來進行國際化的工作，如此才不會有外實內虛的現象發生。以下便針對易學研究之困境提出個人解決之道。

一、正本清源

易學研究路上最大的障礙，就是「易術」的氾濫。《四庫全書易類提要》說：

> 《左傳》所記諸占，蓋猶太卜之遺法。漢儒言象數，去古未遠也。一變而為京焦，入於機祥；再變而為陳邵，務窮造化。《易》遂不切於民用。[5]

本段說明易經象數，源於太卜遺法，有其意義與價值。然而一變於京房、焦贛之大談禨祥災異，再變於陳摶邵雍之過度推衍，於是易學便走入術數之流，而不切於實用。

> 又《易》道廣大，無所不包。旁及天文、地理、樂律、兵法、韻學、算術，以逮方外之爐火，皆可援《易》以為說。而好異者，又援以入《易》，故《易》說愈繁。[6]

按：易有三義，即易簡、變易、不易。由於易理簡要，能變，故各家之說皆能「援以為說」。然而易理結構及變化，仍有其「不易」的一面。換句話說，各種學科之形成，皆有其淵源與內涵，若硬將易學湊合他說，隨意引伸「援以入易」，便屬附會穿鑿了。所以當前的研究者應該重新認識易學研究的意義在名倫教化的推廣，及人文精神的提升，而不在標新立異，干祿取名。

二、導正方向

在易學研究的路上，應重視與其他相關學科的整合，如吸取文學、哲學、史學、考古學、社會學的精華，以豐富內容。借助目錄、版本、輯佚、校勘、辨偽等文獻學的工作，以恢復原貌；隨時注意新出土文物資料，吸收學術界的新觀念、新方法，來為易學研究開闢一條康莊大道。

再者傳統易學的研究方法，都侷限在運用文字、聲韻、訓詁等方法以從事經典注疏工作，再通過注疏過程建立一己的理論體系，直至西力東漸以後，學者才摒棄舊有注疏方式，並嘗試與西方主流思想相融合。如台灣七〇年代至八〇年代中期，盛行以孔恩「典範說」來解釋易學（經學）發展歷程，而八〇年代中期以後又認為勞丹的「傳統元理論」更符合傳統經學的發展原委。以上與西方學理融合的嘗試，本人認為是很健康的研究方向，值得學者們進一步探討。

三、改善研究環境以積極培育人才

人才主導學術存在的價值，易學研究也不例外。那麼該如何培育人才呢？首先應是學術主管單位投以關愛眼神，並提供充足經費以獎勵研究出版。其次則應由各大學、學術研究機構廣開易學（經學）相關課程，並成立「周易研究中心」，以分別執行相關但不同方向之研究計畫。由於有研究中心的存在，主其事者便易於作統整工作。由於有大型計畫的執行，則人才便容易養成，成果也較容易呈現。而大型計畫的進行應以歷代易學書籍的整理注譯出版工作為首要。

再者應結合各民間社團或學會組織，積極辦理學術會議，使各領域的專業學者及社會上對易學研究充滿興趣的人士有共同討論、提供意見，並促進交流的園地。如此不但可消除門派之見，也可收改善社會迷信風氣之效。

肆　結語

本文首先說明學術本土化與國際化不應偏重，但卻要有先後順序。學術本土化後，才有堅實的基礎，以接受國際化的洗禮。其次本文說明當前易學研究困境有學術與術數不分、研究方向偏差、優秀人才不足、研究環境不佳四項，並提出正本清源、導正方向及改善研究環境以積極培育人才等三大方向來予以對治。

伍　註釋

❶ 本文乃應二〇〇〇年東吳大學文學院「學術本土化或國際化研討會」而撰寫。

❷ 朱敬一　中國時報副刊第二三版，八十七年八月二十四日。

❸ 蕭全政　中國時報副刊第二三版，八十七年八月二十七日。

❹ 見孫劍秋〈宋儒張載「以易為宗」思想探析〉一文之說明。「周易、左傳國際學術研究會」　臺灣大學國際會議廳，八十八年五月。

❺ 《四庫全書總目提要・經部》頁一—五四。台北商務印書館。

❻ 同註❺。

易經「生生之德」對「核武倫理」的啟發價值

孫劍秋 郭世清❶ 合著

壹、前言

當前人類的主要課題，乃為重新關注倫理價值與道德養成。由於高度科技文明所引發的倫理問題，人類要面對許多傳統社會所未曾發生過的道德困惑，諸如安樂死、墮胎、同性戀、基因遺傳工程、人工生殖科技甚至軍事武力的使用等。現代科技雖然對人類的生活有所改善，但也產生了連串的道德問題，而這些問題並非科技本身所能解決。面對這些難題，令人覺得在價值上無所適從，實應有一套新的倫理規範，因此諸多屬於不同專業團體或領域的應用倫理引起熱烈討論；不過，純粹新而分立的專業規範，似仍不足以徹底解決上述倫理問題，唯求深植於人性最深處的德性根本，方是真正解決人類安身立命之道。畢竟，在這個知識爆炸的時代，人類所迫切需要的不是更多知識，而是正確的價值觀。❷

以美國為例，自發生白宮「水門事件」後，社會各界人士猛然驚醒，在通過選舉，賦予權力後，民眾對領導人的道德標準要求也愈高。因此放眼各專長領域，自企業家、律師、醫生、工程師、民營團體，或公僕、政界、教師等等，無不需要高度的自我倫理要求，職權愈高者，顯然地在有形與無形的言行之間，對年輕一代更有廣遠的「身教」功能；他們的專業良知判斷、超然公正立場應勝於主觀意識與金錢名利的誘惑，社會正義應高於個人利益，因為此皆具有舉足輕重的影響力。諸多職業當中，軍人由於手持致命武器，動武範圍又涵蓋國內外，遂為最特殊的專業團體，實應有一套供軍事人員遵循的倫理規範。隨著學界展開廣泛的研究後，一九七九年，美軍亦發展成為「專業倫理軍種聯席會議」(Joint Services Conference Professional Ethic)。其主要成員係以美國軍官及軍校師生為主，每年定期於國防大學舉辦研討會，研究卓然有成。❸但其理論與實際方面仍存在若干困境，尚待解決。

當前以「功利主義」及「義務論」見長的西方已警覺此一危機，紛紛轉向追尋「德行倫理」(virtue ethics)以求突破困境。❹中國哲學保有天人合德，一以貫之的倫理思想，正是獲其青睞的對象之一。持平而論，如何立基於中國哲學精神並面對時代巨輪迅速推移的巨變，適時地吸納西方專業倫理，予以去蕪存菁；進而發揮重現其燦爛輝煌的光彩且可大可久，持續適用於二十一世紀，乃為當務之急。

準此，身居中國文化大根大本的易經，即有直注而下的道德哲學，可供研究中國倫理思想脈絡；復以其特有思維，能為中西倫理體系之異同處，予以圓融統合並轉化超越之。本文即有意於此而作也。遂從易經「生生之德」與西方「核武倫理」的啟發價值著手，以尋繹身處二十一世紀核武時代的人類安身立命之道。

曾任美軍太平洋艦隊總司令的Gayler上將於美國空軍官校演講「核武嚇阻的道德與政治意義」(Nuclear deterrence—Its moral and political implications)時，提到：「特別是在現代軍隊中，軍人必須改變其思考方式。我們應是仁義存心，或是人性蕩然？」他認為從軍事的角度探討核武戰爭，是涉及倫理學的。他說：「核武的存在與使用，乃是最奇特的軍事倫理問題。就事實而言，若注意到核子武器的發展史，將可見到這是一部人類步向自殺的歷史。」而今，核武倫理的呼聲並不因冷戰年代的結束而退隱，反而益顯重要。本文擬從易經「生生之德」找出屬於東方之「德行倫理」以補西方「核武戰略道德論點」的不足。而對於後者，本文稱之為「核武倫理」。

貳、核武戰略的道德困境

一、核武戰略的時代背景

回顧過去一百年來不僅經歷了兩次毀滅性的世界大戰，且各區域衝突或內戰更是從未間斷過。即使在人類已跨入二十一世紀的今天，我們仍始終擺脫不了戰爭的陰影。托洛斯基曾說：「你對戰爭也許沒興趣，但戰爭對你始終大感興趣。」[5]在這種情況下，戰爭之於我們，就像死亡問題一樣，與其充耳不聞，倒不如深切的來正視它、思考它。現實環境裡，戰爭持續發生在不同的地區或國家。這些戰爭往往造成無辜生命的傷亡，有時難以傳統倫理道德加以限制。但戰爭固然必有犧牲，並非代表其無須道德規範以供依循。相反的，我們必須更努力的思考有關戰爭的道德原則，才能在面對戰爭威脅時，較合乎道德地從事我們的行動。尤其處於核武戰爭恐懼的科技時代，我們現有哪些戰略準則？又需要哪些更妥善的道德規範？

蓋軍事科技文明帶來的不是和平，反而是更多更殘酷的集體殺人事件；而戰爭的經驗也促使軍事科技的日新月異，殺傷力今非昔比。過去，傳統戰爭是士兵殘殺士兵，在近幾十年中，它已變成機器消滅機器，而人的生命價值相對是廉價而不被重視的。第一次世界大戰激勵了衝毀敵人壕溝的創新技術發展，例如坦克；[6]第二次世界大戰則加速了重型火砲武器研發過程。[7]而一九四五年的原子彈引爆「核子時代」(Nuclear Age)的來臨，也標誌著戰爭的另一個主要變化。一顆原子彈可以完成過去需要整個空軍作戰行動的任務，這種毀滅性的武器首度空投在日本的廣島和長崎，在一瞬間殺死了十幾萬人，促成第二次世界大戰的加速終結；同時也使紅十字會日內瓦會議規定的合理標的(如坦克、飛機和輪船)與受保護人員(如戰犯)之間的明顯區分突然消失了—因為原子彈的襲擊具有全面毀滅性，以致實行那種區分是不可能的。在一九五〇年代那十年期間，原子彈被認為是歷史上最具革命性的發展；其殺傷力及涵蓋面之廣，影響度之深，改變了戰爭的倫理和戰略及軍隊在戰場對時間與空間關係的能力。[8]無怪乎羅馬天主教的亞特蘭大主教明白指出「在核子戰爭的時代，已沒有所謂正義戰爭的存在。」[9]

第二次大戰結束幾年之後，蘇聯也開始試爆原子彈，隨後英、法等國均一一走上核子武裝之路，世界立即陷入加速的核武競賽：一種威力比原子彈更強大百倍的氫彈很快被發明出來，洲際彈道飛道也開始部署，世界走進了長達四十年的核子冷戰之旅程，直到一九九二年蘇聯解體，全球冷戰架構的態勢隨之瓦解，各地區域衝突情況反而不比以往樂觀。一方面是核子戰爭對人類的毀滅能力，早已遠超過當年投射在日本的原子彈震撼；另一方面則因過去數十年美蘇之間的核武競賽僵局，對於一九五〇年代以降的世局有其穩定作用：各國劃分為壁壘分明的兩個陣營，彼此對自己在全球體系中的角色都心知肚明：一旦兩大超強之間發生核武衝突，將是「相互保證毀滅」。如今，兩強對峙的局面雖已不復存在，但核子擴散卻再次成為全球性的新危機。[10]

未來二十年內，我們所須關心的是：擁核國家核武器的殺傷力及指揮管制。例如俄羅斯國防部長索吉耶夫曾是火箭部隊指揮官，其一貫主張特別著重核子武器的研發。[11]但研究俄羅斯的學者卻認為該國管制核武的能力嚴重退步，預算的短絀導致裝備與系統的可靠性降低，及自冷戰結束後意外或未經授權而發射的可能性也大幅提升。更遑論若干區域衝突的國家，諸如中東地區的以色列和阿拉伯國家的核武誘惑；南亞地區的巴基斯坦、印度兩國和東亞中國之核武三角對立。其軍事或政治領袖根據不周延或不正確的情報資訊、對企圖的誤解或率爾決定，意氣用事而下令使用這類毀滅性武器，均可能造成人類的浩劫；許多弱小國家亦不斷尋求抗衡的籌碼，核子武器對其而言不啻是最有力量的抉擇。於是，局部核戰隨時可能爆發，甚至引發成為全球人類的大戰夢魘。基於此，各國領袖皆深知核子災難的可怕，也一直都對這方面的事物保持警覺。⓬是故，核武倫理的呼聲並不因冷戰年代的結束而退隱，反而益顯重要。

二、核武戰略的道德論點

眾所皆知，核武軍備雖有諸多戰略，然自五〇年代後期，即有三者是受到廣泛辯論的核心。在下列戰略陳述中，術語是標準的：

㈠、優勢(Superior)戰略，簡稱戰略S—維持第一擊(First—strike)的能力：即是假若甲國先以核武攻擊乙國，而不怕乙國隨反擊所造成無法接受的損害，甲國被認定對乙國具有「第一擊的能力」。

㈡、均勢(Equilibrium)戰略，簡稱戰略E—維持第二擊(Second—strike)的能力：即是假若甲國遭到乙國核子攻擊後能夠對乙國採取報復反擊，且能造成乙國不可接受的損害，甲國被認定對乙國具有「第二擊的能力」。

㈢、核武(Nuclear disarmament)裁減戰略，簡稱戰略ND—不尋求維持第二擊的能力：即是核武裁減戰略，要求停止發展核子武器和投射系統。⑬

換言之，優勢戰略是尋求先制攻擊的能力，亦即能在第一擊摧毀敵國的大部分反擊力量；且即使敵國先行攻擊我國時，我仍保有強大的反擊力量，以造成敵國無法接受的損害。均勢嚇阻戰略乃不尋求先制攻擊的能力，但必定維持報復的足夠能力。既包含了對大規模打擊的大規模報復，也包含了對較小規模打擊的彈性報復。

在軍事上，部置在固定陣地之洲際彈道飛彈，通常作為第一擊的武力；而機動性彈道飛彈、戰略核子潛艇和戰略轟炸機則被用為第二擊的武力。

至於核武裁減戰略，則是進一步放棄報復能力。以當前核武超強美國為例，由於羅斯福政府相信納粹德國的科學家正在從事核武計劃，遂開始了美國對核子武器的投入；而後真正使用核武的時機，即為杜魯門政府於一九四五年八月六日及九日分別轟炸日本的廣島和長崎。此一時期，美國是全球唯一擁有核武的國家，僅須自我約束與克制即可，不需要有審慎的政策與準則。

隨著核子時代的日益變遷，核武戰略準則亦與為期八年的美國總統行政理念發生了關聯。⓮然而，美國對敵國的核子力量一直維持在至少嚇阻報復的程度，且總是在優勢戰略和嚇阻戰略之間徘徊。舉例而言，一九七〇年代的卡特和蘇聯展開「限武談判」，其目標雖指向核武裁減方向的可能性，但其本身並非就是核武裁減戰略。一九八〇年強硬派的雷根再度擴張軍備，更欲把核武能力指向優勢戰略。此一情況促使學界紛紛針對「核武優勢戰略」、「核武均勢戰略」及「核武裁減戰略」提出辯論；美國天主教之主教團亦不得不出面呼籲「不先使用核武」策略，以表達其立場。因此，對於上述三類核武戰略的議題，引發美國學界間與宗教界有四種不同的論點：分別是「核武優勢戰略」、「核武均勢嚇阻戰略」、「核武裁減戰略」等目的論看法，與「不先使用核武」的義務論主張來論證核武倫理之道德爭議。茲列核武戰略理論提倡時代及政策辯護者一覽表如下：

	提倡時代	主張	支持或辯護者
戰略S	一、杜魯門政府	美國核武獨強時代之圍堵政策	
	二、艾森豪政府	強調擁有較優勢之核武力量，以大規模報復行動，對抗蘇俄。	高華德
	三、雷根政府	再度擴張軍備，欲建立優勢戰略	葛雷
戰略E	甘迺迪-詹森政府	美俄雙方核武力量漸趨平衡，以「相互保證毀滅」爲嚇阻。	克勞特哈默
戰略ND	一、尼克森、福特、卡特政府	*控制並裁減核武數量。與蘇聯展開「限武談判」，其目標雖指向核武裁減方向的可能性，但其本身並非就是核武裁減戰略。	萊其
	二、柯林頓政府	追求全面而永久的禁制協定；近年則致力推動「全國飛彈防禦系統」。	
不先使用原則	美國天主教主教團	傳播上帝福音方式，譴責任何形式的核武擴張與恐怖平衡，並主張「不先使用原則」。	目前廣受討論

資料來源：Loius P. Pojman、George H. Queste、Donald M. Snow等人著書；及「Weapons of mass destruction：new perspectives on Counter ProliferationKri」書中，shnaswami Sundarji、Munir Ahmad Khan、Geroge Perkovich等人之文章整理而成。

(一)、支持「核武優勢戰略」的論點

核武優勢戰略即是上述戰略S，一九四五年八月空投原子彈於廣島與長崎的決策，乃透過類同戰略S的「目的論」得到證成。同前所述，當時是世界唯一擁核者的杜魯門政府，在對美國人民演講時就提到：「既已發明這種炸彈，我們就必須使用它來反擊那些沒有任何警示就在珍珠港攻擊我們的人；反擊那些完全不遵守交戰國際法偽裝面具的人。我們使用它為了縮短戰爭的苦難，為了救數萬以計的年輕美國人之生命。」[15]緊接著在一九四五年到一九五三年艾森豪政府期間，蘇俄開始擁有核子武器，然尚無戰略投擲系統。因此美國從唯一擁核國，逐漸演變成掌握核武較大規模優勢者。[16]此時，戰略S仍為主張「先發制人」(Preemptive attack)的強硬反共份子所喜愛。其最初形式，見於當時的美國國務卿杜勒斯(John Foster Dulles)要求美國威脅對「政策上定義」為蘇聯入侵的行動實施第一擊，並以打擊蘇聯都市之大規模報復(Massive reataliation)為手段。其戰略準則的嚇阻基礎是採「光譜防禦」(spectrum defense)，利用核子威脅去限制在整個冒險範圍(或光譜)內的敵人活動。[17]

六〇年代由高華德(Barry Goldwater)持續高舉「優勢戰略」之主張；八〇年代開始則由葛雷(Colin Gray)等人所發展，要求提出威脅或蘊涵著威脅「美國要先攻擊蘇聯的軍事力

量」，再加上大規模增加美國的戰略武力。[18]即使一九八〇年卡特(Carter，Jimmey)總統的「指導五九」(Directive 五九)將核武飛彈從瞄準蘇俄城市移到瞄準蘇俄飛彈(由價值反制轉為武力反制)，但仍存著部分背書戰略S的意涵。因為這種反制事實上不帶來「第一擊」的能力，但是意涵著美國將尋求「第一」擊的能力。[19]

(二)、支持「核武均勢戰略」的論點

核武均勢戰略，即是上述的戰略E。奉行吳泰德(Wohlstetter)與麥那馬拉(McNamara)的「相互保證毀滅」學說。[20]由於一九五七年八月，蘇俄成功地發射第一枚州際彈道飛彈，接著又於同年十月率先完成全球第一顆人造衛星進入太空之際，美國的科技優勢頓告消失。六〇年代，「大規模報復」及「光譜防禦」準則顯已不再受重視。一九六〇年代初期的甘迺迪(Kennedy)政府，致力核子部隊堡壘化與多標化之後，使美國有能力承受蘇聯的第一擊，並仍保存足夠未被摧毀的武器，用以報復敵人。此一戰略轉變，即為避免「第一擊」戰略之兩難，轉而採用第二擊嚇阻的核子戰略。因此，甘迺迪—詹森(Johnsom，David T.)政府，將重點由「管制反應」[21]演變為「相互保證毀滅」[22]戰略。尤以後者，更是表示承認及正視蘇俄核武能力的成長漸與美國達到一種均勢狀態，彼此互有摧毀對方之可能；近年來，美俄核武器質

量均大幅增加，學者克勞特哈默(Charles Krauthammer)便積極辯護「核武均勢嚇阻」之主張[23]。其理由如下：

1.核武均勢嚇阻具有經濟利益

克勞特哈默認為「戰略核武只要存在就能夠達成它們的功能。在美國它們只用了不到百分之十的國防預算，約為不到百分之零點五的總國民生產毛額。」[24]部分學者的類似看法亦指出：美軍在一九五四年與一九五五年的國防預算，亦因核子武器取代常規軍力的新政策而削減了百分之二十五。[25]於是正當核武恐懼日益增加時，核子武器節省國防預算的概念也就具有更明顯的政經吸引力。

2.核武均勢嚇阻保障安全與民主

主張核子均勢嚇阻策略者通常認為：首先，戰後嚇阻維持了兩大超強之間的和平，防止了核子戰爭及傳統戰爭；其次，嚇阻的唯一目的是防止戰爭的爆發，而報復的威脅是此世最佳的反戰保證。因此採取支持嚇阻的任何一方均是一種雙贏的局面，至少它是達成雙方最終道德目標—「生存」與「民主價值」的最佳手段。克勞特哈默更是積極的為核子嚇阻的防禦戰略辯護，他指控那些主張「核武裁減戰略」者：「既不能有反價值戰略(瞄準平民目標)，也不能有反武力戰略(瞄準軍事目標)，以致完全不能擁有任何嚇阻政策。事實上徒使權力平衡失去穩定，更容易造成戰爭。」因此，唯有核子均勢嚇阻才是阻止核戰的「較少之惡」的

政策。㉖

3.「不先使用」約定反而易致核戰爆發

克勞特哈默亦指控「不先使用」理念的不適當：他說「現在的嚇阻政策在戰爭與和平的界線設立了防火巷(Firebreak)；而『不先使用政策』的提倡者卻把防火巷移到傳統戰與核戰的界線上。其準備冒增加傳統戰的危險，以換取這種戰爭的輸家會堅守這個誓約？其實，一次歐洲大規模的傳統戰爭都會造成核戰的最大危機。任何政策不管動機多虔誠，只要使傳統戰爭更容易想像，就會使核戰更有可能引發。」㉗他們認為既然使用核武是道德家們所不願意接受的，那麼「嚇阻」的政策正是建立在那個意願之上，只要一方相信另一方有意願及能力使用核武以報復攻擊，則核武夢魘就會延後到來。七〇年代初期，隨著蘇俄不斷擴軍，其核武投射工具數量甚至超越了美國，雙方不得不坐向戰略限武的談判桌。

(三)、支持「核武裁減戰略」的論點

紐約市立大學研究中心的哲學教授萊其(Douglas Lackey)則透過上述核子軍備的三種戰略：戰略S、戰略E及戰略ND分析，進而在四種不同條件下比較之。其得出結果為戰略ND比戰略S及戰略E更兼具道德及功利價值，因此乃是三者之中最謹慎且經濟實惠的最佳戰略。他並認為戰略ND並未放棄傳統武器，因此不應等同於反戰，或與廣義的、完全的裁軍

混為一談。[28]萊其認為在核武戰略的領域，我們雖然無法提供結果的精確機率數也無法提供相應效果的精確樣態。不過，我們可用近似值的陳述加以分析。他假定上述三大核武戰略必須考慮四個要項：「引發單方攻擊」、「導致全面核戰」、「蘇聯入侵」及「高度軍事花費」等後果。萊其得出「核武裁減戰略」乃三項之中最符合道德、安全及經濟效益者。其機率評估如後：[29]

表二：萊其「核武裁減戰略」評估表

戰略／結果	單方面攻擊	全面核戰	蘇聯入侵	高度軍花費
核武優勢戰略	50-50	50-50	小	必然高
核武均勢戰略	小	小	小	50-50
核武裁減戰略	小	零	小	小

實際上，由於當初兩大核武國家擁有所謂「相互保證毀滅」的「瘋狂」(mad)能力，因此開始考慮採取各種方式來控制核子軍備競賽。不過，部分學者則認為即使透過限武種種措施，亦無法停止軍事競賽。頂多禁止或限制某種武器，轉而投資開發另一種武器。[30]日前，當柯林頓政府執意追求全面而永久性的核武禁制協定時，其「全面禁止核子試爆條約」為參議院拒絕批准。柯林頓政府聲明參院的否決是美國孤立主義的明顯象徵；而前國務卿季辛吉則在洛杉磯時報撰文指稱「事實上，北韓、伊朗、伊拉克等國均曾簽署一九六八年的禁止核子擴散條約，然而始終陽奉陰違。柯林頓明知低層次武器試驗無法查證，卻仍執意為之，危及美國的利益和安全」。[31]可見，「核武裁減」若未能建立國際共信基礎，則仍是迢迢之路。

(四)、提出「不先使用原則」的論點

美國天主教組織對核武倫理有其人道關懷的道德判斷，一方面強烈反對核子武器的使用，另一方面則對核武均勢嚇阻的效用持保留態度。[32]

1.反對核武的使用，其理由有三：[33]

(1)、反人口用途：該主教團認為不論在任何情況，核子武器或者其它大屠殺的工具都絕不應該用在摧毀人口中心或者其它主要平民身上。

其明確譴責核戰這種「不分青紅皂白而且不合理的奪走許多無辜人民生命」的行為。

(2)、核戰發動的不道德：該主教團認為不論在任何情況下發動核戰，規模再有限都是不合乎道德的；對於其它國家的非核武攻擊更應思以「非核武手段加以抵抗」。因此，美國必須嚴肅的儘快發展非核武防禦戰略，並要求擁核國家「不先使用核武」的規定。

(3)、有限核戰的謬論：該主教團十分懷疑「有限核戰」的定義，畢竟正義戰爭的判準之一：乃是必須有成功的合理希望以帶來正義和平。一旦互相使用核子武器時，這種合理的正義與和平是不存在的。

2.質疑核武均勢嚇阻的效用：

該主教團指出雖然承認嚇阻的需要，但是並非所有的嚇阻在道德上都可以接受。均勢嚇阻策略一樣有其道德限制。尤其是故意殺害無辜人民，當作其戰略的一部分，於道德上是不可接受的。其對「核武均勢嚇阻」此一議題，提出三項消極的反對：[34]

(1)、反對發展嚇阻戰略中的「洲際彈道飛彈」(ICBM，Inter—ContinentalBallistics Missile)：因其雖屬報復性手段，但仍可供第一擊使用。

(2)、反對發展超越「單純嚇阻」(Deterrence—only)功能的核子交戰計畫：主張「核武嚇阻」只須扮演好它的「嚇阻」角色，而不應再賦予它「嚇阻無效，則動用核武報復」的要求。

(3)、反對降低「核戰門檻」(Nuclear threshold)，及模糊核武與傳統武器之差異：畢竟「核戰門檻」一旦降低，則動用核武機會增加；而核武與傳統武器差異之「模糊化」，易使主事者遊走灰色地帶，並對核武器將造成的巨大傷害以避重就輕，誤導人民接受之。

更進一步地，其針對「核武裁減」的五項積極建議及「不先使用」原則，該主教團積極的參考美蘇當時戰略武器的規模和組成，提出下列特定建議。包括「支持立即的、可驗證的雙邊協定以中止新核子武器系統的測試、製造和部署」、「支持雙方談判大幅裁減武器」、「支持全面禁止核試談判，並能儘早達到成功的結論」、「雙方撤走短程核子武器」、「雙方從戰爭初期會被佔領之區域撤走核武，以防被迫或未受節制的決定使用」、「強化核武的指揮管制，以防不慎或未授權的使用」。

總而言之，葛雷等人支持之「核武優勢戰略」即以美國自身利益為優先，建立大規模核子武力，以求先發制人，維持其霸權地位於不墜；克勞特哈默則認為萊其及主教團那些提倡「單方面裁軍」的建議，徒使美國成為沒有報復能力的國家，而成為新武器的試驗場。他強調的重點是假若防止核戰的爆發乃最高的道德，則核武嚇阻戰略是最符合道德的選擇。「核武存在」所形成的「相互保證毀滅」能使敵方「動用核武」有所顧忌，進而避免核戰的真正發生，確保了國民生命與民主自由的珍貴價值；學者萊其透過分析比較，得出「嚇阻戰略」

不如「核武裁減戰略」來得安全又經濟；美國宗教界如天主教主教團，則把福音的教誨闡釋為禁止所有暴力的使用，反對在任何情況下使用一切核子武器。因此其反對追求「核子優勢」，亦視「核武均勢」為走向武器裁減的步驟，這是極清楚不過的。因為即使只是擁有核武選擇性的、有限度的、甚至僅充當嚇阻力量，他們相信這也僅是假象。上述因「核武戰略」所引發的道德爭議，我們稱之為「核武倫理」。

究竟上述論點中，何者最符合道德呢？吾人已知「防止核戰之爆發」乃學者與宗教界一致之共識。以此推論，則核武倫理之核心在於「最能有效防範核戰爆發的，就是最高道德。」以此視之，則「核武優勢戰略」論點，實有其道德上的嚴重缺失，蓋因其已明顯不合乎此一倫理道德。假設任何一方均希望在敵人「意圖」攻擊前先發制人，此一「敵人意圖」的判定標準為何？若一方發動核戰，卻辯稱為反制敵人「意圖先行攻擊」所做之自我防衛措施，則如何分別「核武侵略國」與「核武自衛國」的立場？無庸置疑，以目前的道德觀點，「核武優勢戰略」的「第一擊行為」是最危險的。

由於蘇聯解體，試觀當前擁核國家之中，美國已是唯一享有核武優勢者。但即使在當年動用核武的杜魯門總統，在其回憶錄中亦提及使用原子彈轟炸日本的那段經驗的不堪回首：「廣島與長崎之毀滅，使我有太多的教訓了。這個世界無法再承受以核子武器從事戰爭的風險。」的確，自從一九四六年「巴魯赫計畫」(Baruch plan) 失敗之後，過去幾十年來，美國總統歷經一九四八年柏林危機[35]、一九五一年朝鮮半島危機[36]、一九五四及一九六七年越南危機[37]、一九五八年台海危機[38]及一九六二年的古巴危機[39]…，根據美國一九九八年戰略評估指出：上述事件，都曾使美國面臨使用核子武器的可能，但總是尋求其他有效方法解決。[40]即使是一九九四年面對海珊可能使用化學武器攻擊美軍的情況下，柯林頓仍決定不使用化學武器或核子武器報復。[41]易言之，基於防止核戰爆發，不論「目的論者」或「義務論者」反對「優勢戰略」輕率使用的看法，目前在理論與實際，基本上是靠攏的。畢竟世人皆知若爆發核戰，一切道德爭論都無意義了。因此，筆者僅就「核武均勢戰略」「核武裁減戰略」「不先使用原則」三者之倫理爭議探討之。

(一)、「核武均勢戰略」的道德困境

「相互保證毀滅」理論及實際運用雖廣為人知，然亦有其道德困境。理由如下：

1.「核武均勢嚇阻」迄今唯一值得安慰的，大概就是視其為一種信念，讓人類都知道「核子武器實在太可怕了。」因為只是威脅要使用此一武器，就維持了數十年的安定。然而我們要挑剔的質疑：部分學者聲稱發展核武的目的不是為了贏得戰爭，而是為了阻止戰爭。但二次大戰之後有絕大多數的時間實行核武嚇阻，結果戰爭仍是從未間斷；電腦的失誤或人為的野心，均可能使「核子冬天」提早來臨；為了贏得戰爭—即使是反抗侵略的戰爭，而以

全球性的核子災難為代價，又豈是道德？再者，透過「核武均勢嚇阻」威脅著要從事一場它迫切想避免的戰爭，即可確保和平？威脅要進行戰爭就能防止戰爭嗎？道德目的能用「非道德手段」或威脅用「非道德手段」來達成嗎？

2.吾人若同意使用一「必要之惡」欲達一「恐怖平衡」及報復心態的假相之善，是否為真正的善？即使是，此善能永久深植人心嗎？使用威脅「相互保證毀滅」的不道德手段，不啻逆天理良心而行，使得核子對峙始終閃爍著人類滅亡的紅燈警訊。這種「威脅」是道德性的嗎？

3.同處「核武嚇阻」暫時按兵不動的擁核國家，難道可自由選擇使用此一武器之時間，而不須建構彼此間的互信及自我抑制的道德約束？否則，彼此的軍備競賽導致一時誤判或瘋狂的行為，則核戰將提早到來。

4.主張「核武嚇阻」者僅視其為達成「恐怖平衡」之「意圖」，而未蘊涵著「行動」的實際作為？若無，則該主張不啻為虛張聲勢的紙老虎。即使如此，用核武嚇阻來控制敵國大半軍民為人質，豈是道德者所為？再進一步，若有隨時準備動用核武之行動，以核子武器的廣大落塵污染物及巨大破壞力，能事先有效「區分」軍事目標、軍事人員與平民嗎？違反「區分」的正義戰爭原則，以毀滅數以千萬計的無辜百姓身家為手段，又是否道德？

5.主張「核武嚇阻」的擁核國家，若只准自身加強核武軍備以同敵國保持一定水準的均

勢，但限制其它國家建立相同嚇阻武力，道德嗎？再者，

若一個國家的嚇阻本身是建立在另一個國家或大多數國家的恐懼之上，是否道德？若不限制則其它國家因恐懼或野心逐漸加大而效法製造核武，加入核武嚇阻陣容以自衛，則又是其它國家更多的恐懼與不安。㊷更由於核彈數目及擁核國家增加，彼此形成複雜交錯的核子恐怖平衡網，相互威脅週邊地區或敵對國家。全球陷入隨時引爆大小核戰的生存壓力當中，這算道德嗎？當初防止戰爭之道德目的何在？世界和平之日何在？㊸況且尚有下列問題待解決，諸如：多邊核武均勢與雙邊核子均勢，是否意義相同？若已不均衡，則所謂「均勢」的數量為何？若將各自盟國的核武力量一併計算，則均勢是否重新調整？小核子國可有足以左右大核子國均勢的最小嚇阻力量？均勢是否只適用於核武大戰之上？核武均勢會否在核子強國之間流轉？㊹名觀察家鮑爾廷對均勢嚇阻問題，提出悲觀的看法：「無論根據歷史觀的分析，抑或憑藉邏輯，都足以令人相信—嚇阻帶給人敵意，到頭來可能造成動盪不的局面」。㊺

6.今日核武國家都陷入了無法擺脫的核子僵局，既不能收回已經發明出來的核子科技，也不可能單方面（或雙方）放棄擁有核子武器而自廢武功，因為任何一方的核武系統都是針對另一方的核武系統而研發的，或者說任何一方出現某種核子系統，另一方就部署了相對的反制措施。先發動核武戰爭者，固然必須承擔風險；而嚇阻欲求有效，也要符合下述四項條件：

即生存與報復能力、可信性、明確性及安全性。[46]可見核武嚇阻是自利性及報復性的、有限度的、不確定性及危險性的策略。基於此，我們絕對贊成各種維護戰爭倫理與平民生命的努力，卻不願合法化或鼓勵「核武嚇阻」策略恣意濫用，以致挑戰人類道德規範，而埋下核子戰爭更多擦槍走火的可能因子。人類生命受到空前傷害的浩劫，則民主價值焉能存在？國防經費節省的經濟效益又有何意義？至於所謂「防火巷」的功能，史納德爾(Barry R. Schneider)提出了摘要的說明：「一旦在戰爭中使用核武，在通往大毀滅的路途上，清晰可見的是─防火巷一定會被輕易通過」，他並補充說：「由於核武的使用狀況變幻無常，因此很難防止它不升高至全面核戰的局面」。[47]

(二)、「核武裁減戰略」的道德困境

雖然有人主張若美國領導人放棄使用核武考量，敵人可能使用大規模毀滅性武器直接攻擊美軍主力或人口中心。但對於若干「流氓國家」[48]而言，美軍將易遭危害的核子系統置於動盪不安的時代，若受卡車炸彈等非傳統且廉價武器攻擊下，反更容易造成悲慘結果。尤其，日前美國「國家實驗室」再傳遺失兩具「內有非常敏感」核武技術機密的電腦硬碟，若為恐佈份子或反美激進國家所得，則危害至深且鉅矣。[49]畢竟，核武的存在對人類和平就是一大威脅。支持「核武裁減」的萊其，認為此戰略對防止核戰是最實際有效者。因此，軍事領袖若

能建立更穩固的共信基礎及道德感，方能有助於各項裁減方案的達成。然而，此次美國白宮與參院，不論對「簽署核武裁減條約」投以支持或反對票數者，概由「功利主義」角度出發。析述如下：[50]

反對簽署的共和黨參議員認為只有美國維持強大武力，方能維持世界安定；而二十年之後，美國的傳統武力不可能再具有非常優勢，屆時則全靠核武嚇阻了。苟若美國核武不能維持絕對優勢，就起不了嚇阻作用。因此，美國應該有最好的、最可靠的、最先進的核武；而限制試爆會損害此一目標，亦即會嚴重削弱美國的國家安全。另一方面，美國若簽署此一條約，必會恪遵依循之。但是由於查證困難以及小型核爆與電腦模擬試爆仍在未禁之列，美國不啻自縛手腳而任由他國快速擁有核武。共和黨議員甚至重提德國、日本之軍事威脅，認為美國須具核武優勢，方使該兩國不敢輕易發展核武。加以俄羅斯為唯一能與美國抗衡之擁核國，若限制核武試爆，則俄國終將趕上。

支持簽署的白宮當局及民主黨議員則指出目前發展核武早就不是難事，連印度、巴基斯坦都辦得到，條件較其為佳者尚有許多，故而即使美國核武能力比他國強，亦起不了多大的嚇阻作用。美國能常以核武威嚇其他小國嗎？能以自身核武力量遏阻他國之核武交戰嗎？民主黨議員認為支持此一條約，正可保持美國這半世紀以來一千多次核試爆所累積的核武優勢，並可藉此約抑制新興強權不得製造或改進核武，連帶使已擁核國家難以製造更精密之核武器。

而美國仍能以其高科技在不試爆的情形下改進並提升核武能力。故批准禁試條約不但能拒止他國發展核武能力，又不會限制美國本身提升核武科技，欲為世界霸主必有此一條約不可，蓋條約並未削弱國家安全。

綜觀正反意見之雙方看法，反對批准禁試條約者，希望藉著可試爆保持美國核武優勢，以壓制俄國、中共，進而打消德日兩國製造核武念頭；而支持批准禁試條約者，則企圖藉條約控制俄國、中共及新興強權的核武永遠落後於美國。很顯然地，這兩種思維都是以美國獨霸世界為中心，以美國能左右全球和戰局勢為重。換言之，無論支持或反對禁試條約者，皆以美國國家利益為前提來考量。[51]故知，在此一議題上，美國純粹以「功利主義」為出發點，連遵守「義務規範」都談不上，更遑論「德行倫理」之闡揚了。然而，正是美國與其它擁核國家均持「功利主義」思想，益加使得國際正義蕩然無存，對於道德誠信更是嗤之以鼻。苟不思從根本改善，則生存價值所受的威脅將日益加劇，實非人類之福。

顯而易見的，美國否決禁試之立即影響是可能無力再遊說印、巴等國簽署禁試條約，亦平添新興核武國家繼續進行核試的壓力；中程影響是無法說服俄羅斯及中共簽署禁試條約，更無法限制其核武量。而若原已簽署此一條約之各國翻案，則四十年之限核禁試努力將付諸流水；遠程影響則是破壞了對參加「核子俱樂部」數目的限制，例如伊朗、伊拉克、利比亞、北韓甚至中小國家將無所忌憚地加入擁核行列。一旦這些國家因美國參院否決禁試條約而無視核武擴張，甚至以核武為王牌，對美國予取予求；而美國不從道德正義思及解決之道，反而一面否決禁試條約，一面卻積極發展反飛彈防禦系統(NMD)，以求制敵機先。致使西歐國家以及中共、俄羅斯深感不安。[52]則核戰夢魘終將難免。

(三)、「不先使用原則」的道德困境

美國天主教主教團所倡導之「不先使用核武」原則，以上帝傳播福音之立場呼籲喚醒人性道德並尊重生命價值，切莫輕啟核戰禍源，以免造成浩劫，立意甚美。惟從宗教立場出發，將己身付託於一外在之上帝，對於激發人類道德主體性，及建立起普世化倫理，似未能一以貫之。

參、西方核武倫理之轉向出路

至此，吾人得知人類文明的永續發展及生命安全的維護，實不應立基於「大規模報復」或「相互保證毀滅」的恐怖平衡迷思，而「核武裁減工作」、「不先使用原則」乃至「非武器化嚇阻」之遂行能否徹底成功，尤賴彼此建立共識互信的基礎，更須根植於「和平共存」(Peace coexistence)的人性道德大本。持平以論，一個廣泛周延而又有效的禁止核武擴散體制，除應著重於訴諸技術、法令的禁制及政治目的之外，亦應強調根本的道德目標。[53]

一、在技術法令的實際作為方面，禁制規範固有必要明確遵守：

關於「如何真正有效阻止人類陷入核子戰爭之浩劫？」、「當國家在強權威脅下，應否發展核武以成為戰略籌碼？」、「那些擁有核武的國家，其使用道德標準何在？」…諸如此類的課題，無疑將成為我們日後必須認真思考的方向。就上述核武道德論點的各別分析，吾人得知欲緩和潛在的核武擴散威脅，必得伴隨由美帶頭的「核子國家」發動「信心建立措施」(Confidence Building Measure，CMB)等實際行動配合，諸如：

(一)、美國方面應採真正與可信的作為，以比現在所預定的幅度更大的手法，來降低自己的核武存量水準，並勸說其它核武國家起而效法。

(二)、一視同仁的全面禁止核子試爆條約(CTBT)，不使有灰色地帶可遊走。

(三)、全面停止武器級核分裂原料的生產，且執行檢查應無差別。

(四)、所有核武國家均明白宣示「不先使用原則」及「非武器化嚇阻」。

尤其後者欲有效為之，除了要允許他國監視查證，且公開核武裝備之質量、設施及活動，更重要的乃是即使發生軍事衝突，亦要力求加強核戰爆發前緩衝時間的延長穩定與管制危機之升高，透過情報處理、事實或意圖之澄清、戰爭調停與在非核武化情況下解決對抗。

二、在人性根本的道德目標方面，誠信仁義尤須強化而非放棄：

試想在一個爾虞我詐的國際環境中，苟若「有權發動按鈕戰爭者」彼此並無道德感，則勸說功能是否足以奏效？再者，CTBT之落實或核武器及原料的裁減工作均須透過查證途徑來遂行，目前仍存在相當大的困難。雷斯仁即說明：「我們很難以侵入式檢查方法(亦即到現場檢查的方法)來建立核武裁減管制協定，因為對方經常可作某種程度的欺敵工作。」最後，「不先使用原則」的宣示及遵守，更是建立在核武國家雙方或多方之間互信互諒的道德基礎上。若僅仰賴道德理性，或許無法立即有效地改善當前的核武危機；然若不從道德理性著手，而妄想建構更強大的攻擊武力或更完備的防禦系統，則非但同樣無法改善上述危機，反更易破壞互信機制而隨時有引發戰事之可能。

舉例言之，美國近年來，斥資六百億美元興建「全國飛彈防禦系統」(NMD)，聲稱可保障美、俄雙方及歐洲國家免於核武恐懼的安全。然卻引起包括中共、北韓，甚至英、法、德等歐洲國家的質疑及反對。北大西洋公約組織外交及防衛事務主管索拉納表示：「美國計劃建立NMD，可能引發歐洲有關美國欲與北約歐洲邦脫盟的疑慮，反而使得歐洲得不到保護。」其更進一步指出，俄羅斯深恐美國發展成全面反飛彈系統，使俄國的核子均勢武力破功。法國總統席哈克則說出許多歐洲國家的心聲：「在更強的國家都說需要發展會破壞戰略平衡的科技時，您要如何說服小國停止囤積軍火？」美國辯稱：「北韓、伊朗、伊拉克等流氓國家取得核武後，就會產生新的危險；核子嚇阻無法防止這些國家發射飛彈，所以只好建立有限的飛彈防禦系統」。

柯林頓得知歐盟有上述疑慮，立即宣稱要對歐洲公開飛彈防禦科技，並期待美俄能協議「各銷毀三十四噸武器級鈽」。唯反對者仍憂心俄國、北韓及中共會藉此擴充核子軍力，以突破NMD的反制能力，升高國際緊張關係，結果只有美國得以自外於歐洲危機。

其實，部分軍事專家引述美國五角大廈的資料指出，此一造價六百億美元的NMD，其多次測試的報告，全都被刻意造假，以隱瞞其無法分辨敵人來襲的彈頭或誘餌的缺陷。

而這種刻意作假，花費大量公帑而卻無法有效保障國民生命安全的測試，本身即是一場「不道德」的遊戲。

否則，端賴一不可靠之NMD徒然破壞核武均勢，連美國的歐洲盟友對其成效亦表示質疑，難保反美的擁核國家將藉此大肆擴充核武力量。根據斯德哥爾摩「國際和平研究所」於二〇〇〇年六月十四日發表的年度報告中，指出北韓自兩年前試射一枚疑為「大浦洞一號」的彈道飛道，後又加速研發能攜帶核子彈頭的長程飛彈，因此其暗中發展核武計畫的可能性極大。

美國國防部武獲室主任甘斯勒於六月二十一日仍在記者會堅持：「依據中情局的估計，

二〇〇五年的第三世界國家將擁有長程飛彈，因此柯林頓總統必須於今秋決定是否開始部署NMD」。然而，前中情局局長伍爾西則批評國防部的NMD計畫根本「毫無用處」。對於NMD計畫，正反雙方再度陷入激辯當中，且有激化核武競賽之虞。

綜上所言，人類應將分視於核武倫理各項狹隘觀點的目光，重新昂首顧盼於生命價值之尊重及人性道德主體性的回歸。如此，方是身處核武威脅的人類，永續生存且可長可久之願景。以此觀之，則「生生之德」易理中的對此有其獨特的啟發價值，實不失為提供西方陽剛文明思考模式另一轉向的出路了。

肆、生生之德對核武倫理的啟發

一、「生生」釋義

「生生」原指萬物時時處于生生不息的變化狀態之中。荀爽：「陰陽相易，轉相生也」。孔穎達疏：「生生，不絕之辭。陰陽變轉，後生次于前生，是萬物恒生，謂之易也」。，易雖蘊含有變化之理，但卻不用變化兩字，而以生生釋易，乃因變化是機械的、盲目的，而生生卻是生命的，有機者。「生生」裏的第一個生字，是指天地的創生，所謂「天地之大德曰生」；第二個生字，是指在萬物生命的發展中，人類貢獻其心智，延續且光大了萬化的生命，故「富有之謂大業，日新之謂盛德」。富有乃指物質生命的豐富，日新則指精神生命的昇華。

易理既誨人以明禍福倚伏，亦訓人以知謙沖自牧。蓋生生之理，首戒剛強過亢，不知節制。天地之物質或事理苟若「生生」不絕而不知自止，豈不終因專行過盛而違天道或抑他人乎？故知所謂「生生」者非指物質文明或功祿名利之慾求不滿，而是指天地生成萬物之情，與人類道德精神之不斷向上提昇也。如同乾卦「天行健，君子以自強不息」，其「不息」者乃為進德修業，而非汲汲鑽營，莫能休止。故易之「生生」一為鼓勵效法天地孕成萬物卻不居功之美德偉業，要賢聖的人創造「富有」之物質以利人類生命之永續發展，而非妄自尊大，逆天而行，自取滅亡；一為激揚人我心胸「繼善成性」全三才道之方寸良知，蓄養「日新」之品德以成人己物三者之和諧通達，而非閉塞心門，自利無他，陷溺不前也。可見易之「生生」，旨在發揮天人合德之良善力量，使宇宙物質與精神生命生生不已。

二、「生生之德」之易理

(一)、生生之法天地

承上所言，易經從宇宙論上來看，它是由「太極」這個符號，發展產生陰陽；太極渾合圓融了陰陽兩儀，而從此開展了易學的宇宙論的基礎，並安立其人性上的道德理論。《序卦傳》：「有天地，然後萬物生焉，盈天地之間者唯萬物。」又曰：「有天地然後有萬物，有萬物然後有男女。有男女然後有夫婦，有夫婦然後有父子。有父子然後有君臣，有君臣然後有上下。有上下然後禮義有所錯。」從贊易的內容來看：易經的倫理哲學，並非孤立的挺發出來，而是有機整體觀。它又與形而上意義的天道和宇宙發生論，彼此連繫在一起。如謂「天行健，君子以自強不息」、「地勢坤，君子以厚德載物」、「雷風，恆；君子以立不易方」、「水在火上，既濟。君子以思患而豫防之」…，無非在指明凡人皆應法天地之道，創造生命的最高道德。學者吳康研究周敦頤學說，即認為以人德之仁義，配天象之陰陽，地性之剛柔，本此三才之義，得其最高準則，即為中正。是曰人極。聖人實踐此道，得中正仁義之全，故能與「天地合其德，日月合其明，四時合其序，鬼神合其吉凶」。即與宇宙全體之形體功用，冥合而為一。本此道行之為君子，其行吉；悖此道而逆者為小人，其行凶。誠哉斯言，吾人須法天地生生之道，以行仁義存存之德也。

(二)、生生之為善德

易經「生生之德」觀念乃是確立生之為善，且正視生命之存在，從而讚頌生命意義的哲學。如「大哉乾元，萬物資始」、「至哉坤元，萬物資生」、「生生之謂易」、「天地之大德曰生」等。故「生生」必須扣緊「善」的價值取向，才不致於落入盲目衝動的混沌世界。據此放眼宇宙，直視人生，君子應堅執正道，恢弘厚德載物之仁心，豁顯深沉之憂患意識，挺立偉大剛健之有為精神。易經「生生之德」，不僅使吾人瞭解以自身道德日新又新，實現崇高的人文價值理想，轉化提升社會之和諧、完善與發展，進而嚴肅的為人類未來而負責，所謂「精義入神，以致用也。利用安身，以崇德也」。另外，欲探究易經「生生之德」的道德人格，亦可透過《象傳》這一部份。因其在整部易經裡面對如何發揮人文思想，成立道德世界理想著墨相當可觀。作為一個標準的道德君子，《象傳》所寄託的哲學意義尤其明顯。以形成君子必須要具備的倫理實踐過程與目的，指出透過實踐道德理想的努力會帶來的結果。這在《象傳》的六十四卦當中都有說明和交代，是要成就合乎於君子所要求的倫理道德，以君子為進德修業的階梯；苟能再窮神知化，表現盛德，則將道德境界引歸到成就大人聖人的聖賢之學了。易經提昇人類德性慧命，提升人生境界的理念，實具有不可磨滅的現代價值及未來意義，深值吾人認同並踐行之。

三、就核武倫理的道德核心而言

同前文所述，我們瞭解核武倫理的核心，實以「防範核戰爆發」為最高道德。所謂的「現實主義者」可能會否認核武嚇阻存有道德難題，認為一個國家根本無法以一種道德的軍事戰略去和罔顧道德的敵人作戰，甚至駁斥「核武倫理」的道德基礎是過於天真的「理想主義」。但我們要指出的是，此一追求道德的呼聲，不僅是人性最原始最可貴的共同信念，更是現代軍事倫理強調正義戰爭的未來趨勢。誠如季辛吉所言：「講道德而不顧安全，是不切實際的；講安全而不顧道德，更是虛有其表。」筆者認為：戰爭之目的若果真在止戰，而止戰的結果即在求永久且真正的和平安詳。則「嚇阻政策」僅能做為解除核武威脅，追求和平的過渡手段，不能當成是和平的長遠基礎。畢竟，再純粹的核武嚇阻政策都或多或少會威脅到其他國家的安全，促使報復手段的交相運用，使危機下的嚇阻更不穩定而戰爭更可能發生。

以「生生之德」角度觀之，西方核武倫理「優勢戰略」、「均勢戰略」等全然以自身利益出發之「目的論」論點，固有其偏頗不足之處；而萊其分析「核武裁減戰略」較經濟實惠且可防止全面核戰爆發之方案，似亦未真正觸及人類生命價值之核心；美國天主教「不先使用核武」可謂屬於關懷道德之「義務論」主張，不過其依據始終為一外在之上帝。

因此，惟有體現「生生之德」乃真正肯定人之為人的可貴，並勾勒出人在天地之間的生命價值。人的生命既然來自天地，而天地運行是日復一日，永無止息的；人類法天地之理，即須記取其有生生之德的精神。因此，筆者認為藉由易經「生生之德」的陰柔哲學注入西方軍事倫理的陽剛思想之中，不惟能使其更為圓融統觀，亦可再現大易哲學之價值於不墜；更能真正發揮人性內在那份超拔騰衝，不假外求的道德主體優越性，進而建立人類的互信互諒。

筆者認為身居世界唯一超強的美國，與其同「流氓國家」一般見識的採取「以暴制暴」報復心態；倒不如先採取諸如「互信機制建立」、「非殺傷性的精準武器研發」、「擴大禁試核武簽署」等方式來做。此外，如美俄率先裁減核武數量以示大國風範及誠意，進而嚴格監管世界核武之裁撤，並透過國際輿論壓力及外交手段迫使「流氓國家」跟進，則核子武器及傳統武器均能同時大幅減少，如此「義利雙成」不正是全體人類之福嗎？不正是參贊天道的作易者所深切關懷的和諧平衡嗎？大易「存人道以配天地，保天心以立人極」的生生之德，實在值得人類再三深思。

四、就人類正義與和平的遠景而言

以易學的歷史使命言，伏羲氏始畫八卦，至文王與孔子的兩次變革都是因為社會發生了大危機，他們知道易學之廣大精微，故或演之，或贊之，使易學能出而作思想指導，使社會人心轉危為安；以易學的文化使命言，自孔門十翼出，周易遂成一本純粹哲學思想的書。包容了宇宙萬物變化的大思想，也使易學成為帶有人類文化使命的哲學。於是它能超越歷史各時代以轉化變局；又能融入歷史各時代點燃新生命。今日的核武世界，正是一次更大變動的時代。吾人需要一個大哲學思想的來臨。而大易撥亂反正的道德哲學適足以順應潮流，承擔振衰起弊的重責大任。

的確，現代化提高了世界各地文明的物質層次。但是否也提昇了道德和文化空間呢？針對人與宇宙自然之道的兩立，印度詩人泰戈爾(R. Tagor)曾說：「西方人尚以征服自然的思想自傲，像我們都是生活在一個敵對的世界中。在那裏，我們必須向外掠奪所需，才能生存。⋯於是造成了人和孕育我們的宇宙之間的一種人為的分隔。」而對於人與人之間的衝突，皮爾森亦曾警告，人類正邁入「一個不同的文明必須學會和平共存互動，彼此互相學習的時代。他們要學習彼此的歷史和理想及藝術文化，共同豐富彼此的生活。在這個過份擁擠的小世界，另一個發展是誤解、緊張、衝突和災難。」[72]杭廷頓更直接地認為「在全世界，文明似乎正為野蠻行徑所取代，產生一個前所未見的意象，一個全球黑暗期可能已經降臨人世。」[73]現在的問題，不是如何在一個完美的世界達成和平，而是如何在一個我們實際擁有的世界，以及正在創造的新世界中達成和平。在今天的真實世界中，我們有一個正在形成的新全球體系，一套嶄新的製造戰爭的途徑。然而如何相對應地製造和平，幾乎毫無觸及。我們正衝進一個詭異又全新的未來歷史期間。想要防止或限制戰爭的人，一定要把這些新的事實考慮進去，看出其中隱藏的關係，並辨認出正在轉化我們世界的一波波變動；再透過人性共同而珍貴的道德人文精神的發揮，方是尋求全體人類正義與和平的唯一正道。

易經「生生之德」之哲學，顯示三極之道的大生流行，使人由理會、體認而激發生命的創造意義，促使人性向善展現突破性的努力，養德日進而習氣日除。自能啟明獻瑞，從現實層面，朝向超越的理想開放，通體感受領納天德的生氣。在如此涵容薰陶中，方不致使人狂妄到藐視天地，自取滅亡；另一方面，再由「繼善成性」，據之指出人存在於天地之間，其所成就之生命性命，乃直承天地之善性而相隔不遠。人在現世的存在不再被漠視，因為唯有人能去承擔天地的善性，完成實現人的道德意義和創造活動。

因此一切別具用意而虛妄假立的核武規範教條，或忽視人類心性生命主體活潑舒展者，皆非我們本自具足的生生之德。因為從易經「生生之德」的精神來看，真正的道德是最直接而真實從生命中來，也要回復生命的大本去。道德的存在，是以促成生命的創造，形成道德活動，喜悅生命，以體現易經那種「篤實循天德，生華悟化機」74的根本大義。

伍、結語

易理蘊含著凡事「剝極必復，否極泰來，日中則昃，月盈則虧」的不變道理，若人類無正確的倫理哲學觀，就目前的國際現勢而言，一旦輕啟戰端，則未來禍福肯定是一發不可收拾的「夬」，人類子孫在核戰廢墟苟延殘喘，一切文明歸零從頭開始，甚而萬劫不「復」，吾人豈可不慎？無庸置疑的，若設想一個沒有核子武器的現實世界，目前是一廂情願的想法；甚至推想符合理想道德標準之核武倫理，那也是一種空洞的幻夢。然而在核子戰略上，道德卻是一個不得不考慮的因素。克勞塞維茲就曾說過：「物質是木造的刀柄，而精神則是閃亮的刀鋒」。75處於當前過度依賴軍事武力及科技文明所建構的安全空轂之中，唯有重新尊重人性尊嚴與生命價值，透過核武管制、削減，建立國際間的互信共識，以走向真正的和平是我們迫切的道德責任。筆者認為當前雖是一個黑暗的核子時代，卻也可能是一個人性光明的時代。其契機便在於大易「生生之德」的倫理哲學素養。下一場戰爭或將到來，而如果我們能夠深入記取歷史教訓，必定能夠延遲它的到來。76筆者深信，易經「生生之德」哲學終將穿越數千年的時空為人類和平帶來一線曙光。

注釋

❶ 郭世清，政戰學校政治研究所碩士，現任該校教官。著有《易經哲學之現代意義—以對軍事倫理啟發價值為例》、〈易經生生之德的現代意涵〉、〈核武戰略困境析論〉、〈從離卦時、位、中、正論現代軍人之指揮道德〉、〈師卦與現代儒將之道〉等論文。

❷ 羅秉祥撰，〈儒家內聖之新建構芻議〉，蔡振邦主編《儒學的現代反思》，（台北：文津出版，民國八十六年十二月初版），頁九十。

❸ ics，Washington.D.C.：Pergamon—Brasseys Internation Defense Publishers，nc.1989.等書收錄之各篇論文。

❹ 當代規範倫理學的重要理論幾乎可歸類為「目的論」或「義務論」，但由於此二類理論在道德問題上

均產生若干困境，使得許多倫理學者轉移關注至「德行倫理」之上。關於當代倫理學理論及其困境，請參見林火旺著，《倫理學》，（台北：五南出版，民國八八年十月），頁一五三—一六九。

❺ 傅凌譯，《新戰爭論》，艾文・托佛勒，海蒂・托佛勒合著，（台北：時報出版，民國八六年七月），頁三三六。

❻ 鈕先鐘編著，《第一次世界大戰史》，（台北：燕京文化，民國六六年三月初版），頁三八五。

❼ 鈕先鐘譯，《第二次世界大戰史第一冊》，李德哈特著，（台北：麥田出版，民國八四年一月初版），頁六三。

❽ 鈕先鐘著，《二次大戰的回顧與省思》，（台北：麥田出版，民國八五年一一月），頁三八三。

❾ 同前註，頁一五。

❿ 同前註，頁一六。

⓫ 美建立飛彈防禦系統，俄重提星戰計畫回應〉，《聯合報》，民國八八年一一月二三日，第十一版。

⓬ 許綬南譯，《未來戰爭—傳統戰爭及游擊戰》，（台北：麥田出版，民國八五年十月），頁二一三。

⓭ 陳瑞麟等譯，前引書，頁一三〇。

⓮ 概略分之：艾森豪政府發展出大規模報復的核子戰略；甘迺迪—詹森時代產生了彈性反應政策，亦即「相互保證毀滅準則」；尼克森—福特時期所訂的準則，演變成為等量戰略；卡特政府的早期，原本是蕭規曹隨，後來作了小幅度修訂，成為眾所皆知的「抵銷戰 Strategy）。請參見錢武南譯，《動盪世界中的核子戰略》，Donald M Snow著，（台北：黎明出版，民國七五年八月），頁七一—七二。

⓯ 杜魯門總統在一九四五年八月九日（原子彈轟炸長崎的第二天）對美國人民演講，請參見陳瑞麟著，前引書，頁二三。

⑯ 錢武南譯，前引書，頁七三—七四。

⑰ 有關「大規模報復」的第一次聲明，乃由杜勒斯於一九五四年六月十二日向外交委員會提出。其重點是「美國將主要仰賴大規模的報復能力去嚇阻共黨的侵略，使用的工具及攻擊的地點皆由我們來選擇。在此同時，美國傳統地面部隊大量裁減，唯一可資利用的工具即為戰略核子兵力。我們可以運用海空軍去投射兵力，對抗蘇俄」；其次，所謂的「光譜防禦」，實乃故意含糊其詞，未指明動武步驟。一方面警告蘇俄若敢侵犯美國及其盟國，必遭慘重代價；另一方面則使美國能主動掌握報復的手段與時地。見前註，頁七七—七八。

⑱ 有關戰略S的優勢策略，請參見Barry Goldwater，Why Not Victory?（New York．Mcgraw—Hill，1962），p.162，及Colin Gray and Keith Payne，Victory is Possible，Foreign Policy 三九(Summer 1980) pp.14—27；及Colin Gray，Nuclear Strategy：The Case For a Theory of Victory，International Security 4 (Summer 1979) pp：五四—八七。

⑲ 陳瑞麟譯，前引書，頁一三〇—一三一。

⑳ 有關相互保證毀滅學說，請參見Wohlstetter，The Delicate Balance of Terror，Foreign Affairs，January 1959，及Robert McNaMaRa，The Essence of Security (London：Hodder and Stoughton，1968)等文。

㉑ 「管制反應」戰略，亦即「有限度破壞」準則。其賦予美軍兩項主要目的：一者須負起核戰的最大嚇阻作用，予蘇俄強烈的報復作為；二者則須盡最大可能，使破壞目標僅限於蘇俄的城市及人口，而不波及它國。然此一準則，隨著甘迺迪遇刺而告終。請參見錢武南譯，前引書，頁九二。

㉒ 「相互保證毀滅」戰略之重心：在於保持一支足量的報復部隊，能對攻擊美國的敵人給予無法承受的損

害。採取此一準則，首先要有穩固的第二擊戰力，進而要求處於穩固的有條件再生能力。見前註，頁九五。

㉓ 中共解放軍則稱之為「核威懾」，請參酌林中斌著，《核霸》，(台北：學生書局，民國八八年二月初版)，頁二六八—二七九。

㉔ 陳瑞麟譯，前引書，頁一二五。

㉕ 蔡伸章譯，《從越戰到波灣戰爭—美國的軍事革新》，詹姆斯、鄧尼根，雷蒙、馬塞多尼亞合著，(台北：麥田出版，民國八五年一月初版)，頁七三。

㉖ 反武力(Counterforce)意指將核武攻擊目標指向敵國軍隊，包括軍事基地、潛艦及防空飛彈地下室；反價值(Countervalue)則是將核武攻擊目標指向敵國人民的生命和生產能力，包括人口密集城市、工業設施以及能源生產和運輸系統，使其整體國力大傷。請參見錢武南譯，前引書，頁四六—四七；至於克氏評論所謂「核武裁減戰略既不允許反價值目標，亦不允許反武力目標」之意見，請參見陳瑞麟譯，前引書，頁一二三。

㉗ 陳瑞麟譯，前引書，頁一二七。

㉘ 同前註，頁一三二。

㉙ 同前註，頁一三三。

㉚ 在古巴危機之後，華盛頓和莫斯科之間建立了一條「熱線」，以便再次發生時可以相互聯繫溝通。一九六三年，美、蘇、英三國簽訂了禁止核子試爆條約，禁止在大氣層、海底和太空進行核爆。一九七二年，雙方簽訂了第一階段的限制核子戰略武器條約(salt)，限制各方有洲際彈道飛彈的數量，並使蘇聯停止建設反彈道飛彈系統。一九七五年，雙方在海參崴又進一步擴大了這個條約的內容。七〇年代

末，美蘇展開了第二階段限武條約的談判。請參酌張春柏、陸乃聖等合譯，《霸權興衰史》，Paul Kennedy原著，（台北：五南出版，民國八四年一二月初版），頁五二五。

㉛ 〈冷戰後，武器管制本質改變〉，（台北：聯合報，民國八八年一一月二三日），第十一版。

㉜ 美國天主教主教團在一九八二年發出一封佈道信「和平的挑戰：上帝的許諾和我們的回應」，信中他們譴責使用核子武器攻擊人口中心，呼籲「不先使用」的政策，而且只接受嚇阻做為裁減核武的一個步驟。請參酌陳瑞麟譯，前引書，頁一〇七—一〇九。

㉝ 同前註，頁一〇八—一〇九。

㉞ 同前註，頁一一三—一一四。

㉟ 一九四六年美國政府提出「巴魯赫計畫」欲對核子武器做有效的監督及廢除，但因蘇俄提出「同意禁止核武使用及製造，毀滅一切現有核武儲積量，但卻不主張設立認真的監察制度來監視或督促執行成效」的對抗建議，此計劃遂告失敗。請參見鈕先鍾譯，《核子外交》，George H. Quester著，（台北：黎明出版，民國六四年一二月），頁三三—三九；另外，一九四八年，蘇俄對柏林的封鎖行動，使得美軍調派B—二九型轟炸機進駐英國，同時也帶來了原子彈。前引書，頁七九。

㊱ 一九五一年美國曾欲在韓戰中使用核武，但經過幾番討論而作罷。見前註，頁九四—九五。

㊲ 一九五四年，當奠邊府之圍正危急之際，美國曾準備作空中攻擊，包括傳統的或是核子的。但由於受到法國政府的拒絕，並且不願升高戰事為美俄大戰，因此放棄核武之使用。見前註，頁一七三。

㊳ 一九五八年始，台海爆發危機，美國將能發射原子彈的火砲運往金門，然在討論應否對中共作傳統或核武器之空中攻擊的同時，美國政府又發表一項公開聲明：「除非已獲美國總統同意，否則不得使用核武」。因此，此次危機便在傳統砲火之下平息。見前註，頁二三五—二三六。

❸❾ 一九六二年秋季，蘇俄總理赫魯雪夫決定在古巴部署中程飛彈，美國即以海軍執行所謂的「臨檢行動」以封鎖俄軍船隊並威脅實施進一步的空中攻擊，最後以蘇俄運回飛彈而收場，這是最接近核戰爆發的一次危機。見前註，頁三一八—三一九。

❹⓪ 蔣永芳、王振坤、劉志堅合譯，《美國一九九八年戰略評估》，（台北：國防部史政編譯局，民國八八年三月），頁三二六。

㊶ 同前註，頁二二八。

㊷ 左傳長譯，《展望二一世紀》，賽拉・莫科夫編，（台北：麥田出版，民國八八年一月初版），頁六二。

㊸ 朗恩(Clarence C. Long)指出：「小國之間的核戰比超級強國間的核戰更易爆發，任何地區發生一場核子戰爭，均有可能逼迫強國出面干預，反有催化大規模戰爭的作用。」請參見錢武南譯，前引書，頁三三二。

㊹ 同前註，頁69六九。

㊺ 同前註，頁63六三。

㊻ 請參酌Patrick Morgan，Deterrence：A Conceptual Analysis (Sage，1977)，p. 一一八.

㊼ 錢武南譯，前引書，頁六六。

㊽ 美國將後冷戰世界中的國家分為四類：核心國家、轉型國家、政權不穩國家及流氓國家。第四類包括北韓、伊朗、伊拉克、利比亞、敘利亞等與其價值觀相左者。請參酌蔣永芳，王振坤，劉志堅等譯，前引書，頁三〇一。

㊾ 〈美再傳核武機密失蹤〉，（台北：聯合報，民國八九年六月一四日），第一一版。

㊿ 柯林頓政府欲簽署「全面禁止核試條約」須參院批准，且獲得三分之二票數方能通過，即六七票以上的

支持。這次表決結果民主黨與共和黨壁壘分明，僅有四名共和黨參議員支持此一條約。基本上，共和黨大多數持反對意見，而民主黨則持贊成意見。〈美國對禁核的不同看法〉，（台北：中國時報，民國八八年十月一三日，第一三版）。

51 〈否決禁試條約的深遠影響〉，（台北：中國時報，民國八八年十月一七日），第三版。

52 〈北京抨擊美反彈道飛彈計畫〉，（台北：聯合報，民國八八年一一月一二日），第一三版。

52 國防部史政編繹局譯印，前引書，頁八五。

54 「不先使用原則」及「非武器化的嚇阻」目前廣為有識之士探討。國防部史政編譯局譯印，《大規模毀滅性武器—反擴散的新展望》，（台北：國防部，民國八六年八月），頁七六，頁一一九—一二三及頁一六四。

55 錢武南譯，前引書，頁三一三—三一四。

56 〈美擬建飛彈防禦系統，北約有疑慮〉，台北：聯合報，民國八九年五月三日，第一一版。

57 〈美斥資研究海基系統，加入NMD〉，台北：聯合報，民國八九年六月一日，第一一版。

58 〈NMD歐盟有疑慮，柯林頓消毒〉，台北：聯合報，民國八九年六月二日，第一一版。

59 〈NMD有缺陷，無法分辨真假彈頭〉，台北：聯合報，民國八九年六月一〇日，第一一版。

60 〈國際和平研究所年度報告〉，台北：聯合報，民國八九年六月一五日，第一一版。

61 〈NMD就算七月測試再失敗，美國防部仍建議部署〉，台北：聯合報，民國八九年六月二二日，第一一版。

62 張其成主編，易學大辭典，（北京：華夏出版社，一九九五年二月第三刷），頁一八一。

63 吳怡註釋，《易經繫辭傳解義》，（台北：三民書局，民國九二年），頁一五—一六。

64 吳康撰，〈周濂溪學說研究〉，項維新、劉福增主編，《中國哲學思想論集》——宋明篇，（台北：水牛出版，民國八〇年六月），頁一二七。

65 「生生」語出《繫辭》上，乃對周易大義的闡發。《正義》：「生生，不絕之辭。陰陽變轉，後生次於前生，是萬物恒生謂之易也。前後之生，變化改易，生必有死。易主動戒，獎人為善，故云生，不云死也。請參見蕭元主編，前引書，頁一六一。

66 易經《繫辭》下。

67 郭文夫撰，〈從比較哲學的絡索論大易道德基礎之勝義〉，思想論集抽印本，（台北：全賢出版，民國八二年三月），頁六一。

68 筆者認為：個體道德修養方面，必須心存「義利之辨」；群體倫理義務方面，則持「以義為利」為中心原則，而達「義利雙成」之圓融結果。有關「義利雙成」一詞之提出，請參見蔡 仁厚著，《中國哲學的反省與新生》，（台北：正中書局，民國八三年一一月初版），頁一二六。

69 王夫之著，《船山易學》，頁八一〇。

70 孫劍秋撰，〈易經中的體用哲學〉，《中華易學雜誌》第七卷四期，（台北：易經學會，民國七五年六月），頁二四。

71 方東美著，《中國人生哲學》，（台北：黎明出版，民國七六年五版），頁二五九—二六〇。

72 黃裕美譯，《文明衝突與世界秩序的重建》，杭亭頓著，（台北：聯經，民國八六年），頁四四七。

73 同前註，頁四四六。

74 郭文夫撰，前引文，頁一二〇。

75 鈕先鍾譯，《戰爭論精華》，前引書，頁三二九。

76 楊金柱譯，《波灣戰爭的教訓》，Bruse W. Watson 著，Military Lessons Of The Gulf War，（台北：麥田出版，民國八七年三月），頁二四四。

引用書目

《周易集解》唐·李鼎祚輯　鼎文書局　一九七五年四月。

《伊川易傳》宋·程頤·四庫全書本　台灣商務印書館　一九八三年十月。

《易本義》宋·朱熹·四庫全書本　台灣商務印書館　一九八三年十月。

《魯齋全書》、《魯齋心法》元·許衡·和刻影印漢籍叢刊　廣文書局　一九七五年。

《經義考》清·朱彝尊　中華書局　一九七九年二月。

《易説》清·惠士奇·《皇清經解易類彙編》　藝文印書館　一九七七年。

《周易述》清·惠棟·《大易類聚初集》第十七冊　新文豐書局　一九八七年。

《周易述補》清·江藩·《大易類聚初集》第十七冊　新文豐書局　一九八七年。

《漢學師承記》清·江藩撰·民國周予同注　華正書局　一九八二年。

《焦循之易學四種》清·焦循·民國楊家駱編　鼎文書局　一九七五年。

《清儒易經彙解》清·抉心室主人編　鼎文書局　一九八二年。

《四庫全書總目提要·易經類》　台灣商務印書館　一九八三年十月。

《經學通論》清·皮錫瑞　台灣商務人人文庫　一九八〇年。

《續修四庫提要》日本東方文化事業委員會　台北商務印書館　一九七二年。
《清儒學案》徐世昌　燕京文化公司　一九七六年。
《古史辨第三冊・易經與詩經》顧頡剛　未載。
《中國古代社會研究》郭沫若　天文圖書公司　未載。
《雕菰樓易義》程石泉　台灣商務印書館　一九七五年。
《兩漢十六家易注闡微》徐芹庭　五洲出版社　一九七五年十二月。
《魏晉七家易學之研究》徐芹庭　成文出版社　一九七七年二月。
《王弼及其易學》林麗真　臺大文史叢刊之四十七　一九七七年二月。
《中國哲學思想史》羅光　學生書局　一九七九年。
《先秦文獻假借字例》高本漢著・陳舜政譯　中華叢書　一九七九年五月。
《惠棟之經學研究》耿志宏　政大中文所碩士論文　一九八二年六月。
《周易古經今注》高亨　武陵出版社　一九八四年四月。
《先秦漢魏易例述評》屈萬里　學生書局　一九八五年九月。
《易學新論》嚴靈峰・《中華經子叢書第五冊》　台北國立編譯館　一九八五年。
《周易今註今譯》徐芹庭　台北商務印書館　一九八六年四月。
《今存三國兩晉經學遺籍考》簡博賢　三民書局　一九八六年。

《易學源流》徐芹庭　國立編譯館　一九八七年。
《漢字古音手冊》郭錫良　北京大學出版社　一九八七年十一月。
《周易研究論文集》黃壽祺·張善文編　北京師範大學出版社　一九八七年九月。
《周易概論》劉大鈞　齊魯書社　一九八八年六月。
《中國古代社會》許進雄　台北商務印書館　一九八八年九月。
《周易研究史》梁書弦等著　湖南人民出版社　一九九一年。
《易學哲學史》朱伯崑　藍燈出版社　一九九一年九月。
《周易帛書今注今譯》張立文　學生書局，一九九一年九月。
《漢語詞義學》蘇新春　廣東出版社　一九九二年八月。
《先秦漢語研究》程湘清　山東教育出版社　一九九二年九月。
《古文字與殷商文明》王慎行　陝西人民出版社　一九九二年十二月。
《馬王堆帛書易經斠理》嚴靈峰　文史哲出版社　一九九四年七月。
《西周史》許倬雲　新華書局　一九九四年十二月。
〈王弼玄理之易學〉牟宗三　《民主評論》第十二卷第一期　一九六一年元月。
〈周易古義補〉屈萬里　《孔孟學報》第二期　一九六一年九月。
〈王弼注易老的觀念造詣〉金忠烈　《大陸雜誌》第二十八卷第六、七期　一九六四年三、四月。
〈周易孚、亨、貞三字涵義的商榷〉李漢三 《建設》第十六卷第十、十一期 一九六八年三、四月
〈周易孚、亨、貞三字涵義的討論〉徐世大 《建設》第十七卷第一、二期 一九六八年六、七月
〈王弼何晏的經學〉戴君仁 《孔孟學報》第二十期 一九七〇年九月。
〈「孚」在周易卦爻辭中應用新義之試探〉明允中 中興大學歷史學報第七期 一九七七年六月。
〈王弼易述評〉徐芹庭 《孔孟月刊》第十七卷第十期 一九七九年六月。
〈周易中所見氏族制崩潰期社會經濟之發展〉．《中國上古史論文選集》杜正勝編 華世出版社 一九七九年十一月。
〈未占有孚——易經的中心思想〉王鎮華 《鵝湖》第七卷第八、九期 一九八二年二、三月。
〈焦循易學三書探析〉何澤恆 國立編譯館十三卷二期 一九八四年十二月。
〈試論我國從東北到西南的邊地半月形文化傳播帶〉童恩正．《文物考古論集》 大陸文物出版社 一九八六年七月。

〈周易的狩獵和畜牧研究〉王廷洽·《西周史論文集》 陝西歷史博物館 一九九三年六月。

附錄一：周易課程講授綱要

壹、教學宗旨

漢書藝文志盛贊易為六經之源。孔子授易，非高弟不得其傳，並稱學易可以無大過。故知吾輩學子欲上探中國學術之源，下取修身反己之學，則非習易，不足以當此。

貳、教學內容：本專題擬分四大章節講授

第一章：周易概論：㈠占筮源流㈡河圖洛書㈢先後天易㈣歸、連、周三易㈤八卦㈥周易名稱及其形成㈦歷代易學傳承及其流派㈧歷代重要易書簡介㈨研易須知及其途徑㈩讖緯。

第二章：易例辨正：㈠卦例㈡爻例㈢辭例㈣彖象例㈤漢代易例（爻變、卦變、互體、旁通、升降、卦主、爻辰、半象、消息、卦氣）㈥王弼周易略例㈦宋元明清儒反易例之見解㈧清代漢學家復興漢易之主張㈨民國以來學者反易例之見解。

第三章：六十四卦研究：傳授解卦方法，並舉史冊記載之易經故事，以為徵驗。

第四章：當前易學概況：介紹世界各地研究易學之概況，尤以臺灣、大陸、日本為主。

參、教學方式

在課程上，除按照教學內容，依序講授外，並將提及中國四大卜算系統，次及陰陽五行附會易經之情形，並略述坊間許多附會易經之占卜術：如掐指神算、金錢卦、文字卦、姓名易學、米卦、數字卦等等。又中國古代幻術或假托為奇門遁甲，或依附為易學旁支：如蛋殼昇天、紙蝶漫舞、白雲入洞、入木三分、紙人流血、毒氣頻施、一杯醉倒、頃刻開花、撒豆成兵等，本專題亦將敍述，以見後代術士殽亂易學統系之大略。

在教材上，以易程傳為主，重要單篇論文為輔，並使用投影機以加深印象。

肆、教學目標

上者期其能明學術源流之始末，並具撰述易學論文之能力。次者，亦期能收博學思辨之功，而不為鄙儒異論所惑。

附錄二：許衡《讀易私言》

欽定四庫全書

經部

讀易私言

詳校官內閣學士臣瑞保

通政使司副使臣莫瞻菉覆勘

覆校官編修臣楊壽柟

校對官檢討臣王鍾健

謄錄監生臣李青標

欽定四庫全書　　經部一

讀易私言　　易類

提要

臣等謹案讀易私言一卷元許衡撰衡字平仲河內人官至集賢殿大學士兼國子祭酒謚文正事迹具元史其書論六爻之德位大旨多發明繫辭傳同功異位柔危剛勝之義而又類聚各卦畫之居于六位者分別觀之蓋健順動止入說陷麗之吉凶悔吝又視乎所值之時而必以正且得中為上孔子象彖傳每以當位不當位得中行中為言衡所發明蓋本斯旨此書本在衡文集中元蘇天爵文類明劉昌中州文表皆載之

國朝曹溶採入學海類編通志堂刊九經解遂從舊本收入而何焯校正九經解目錄以為即元李簡之書今考簡所撰學易編具書具

在未嘗與此書相複且永樂大典所載亦作
許衡則非李簡書明甚焯之所校不知何以
云然也乾隆四十年五月恭校上
總纂官臣紀昀臣陸錫熊臣孫士毅
總校官臣陸費墀

欽定四庫全書

讀易私言

元 許衡 撰

初 初者位之下事之始也以陽居之才可以有為矣或恐其不安於分也以陰居之不患其過越矣或恐其懦弱昏滞未足以趨時也四之應否亦類此義大抵柔弱則難濟剛健則易行故諸卦柔弱而致凶者其數居多剛健而致凶者惟頤大壯夬而已若總言之居初者易貞居上者難貞易貞者由其所適之道多難貞者以其所處之位極故六十四卦初爻多得免咎而上每有不可救者始終之際其難易之不同蓋如此

艮六居初者凡八陰柔處下而其性好止故在謙則合時義而得吉在咸則感未深而不足進也以是才居遯則後於人而有厲然位卑力弱反不若不往之為愈也蹇之時險在前也止而不往自有知幾之譽

勉於進則陷乎險也艮以止於初為義故但戒以利永貞漸之才宜若此也雖小子有言於義何咎旅雖有應而不足援也斯其所以瑣乎小過宜下而反應於上斯其有飛鳥之凶乎柔止之才大率不宜動而有應動而有應則應反為之累矣

坤六居初者凡八卦柔順處下其初甚微而其積甚著故其處比與否之初也皆獲吉豫有應在上是動於欲而不安其分也凶亦宜乎

二二與四皆陰位也四雖得正而猶有不中之累況不得其正乎二雖不正而猶有得中之美況正而得中者乎四近君之臣也二遠君之臣也其勢又不同此二之所以多譽四之所以多懼也二中位陰陽處之皆為得中中者不偏不倚無過不及之謂其才若此故於時義為易合時義既合則吉可斷矣究而言之凡為陽者本吉也陽雖本吉不得其正則有害乎其吉矣雖得正矣不及其中亦未可保其吉也必也當位居中能趨時義然後其吉乃定凡為陰者本凶也陰雖本凶不失其正則緩乎其凶矣苟或居中猶可免其凶也必也不正不中悖於時義然後其凶乃定故陽得位得中者其吉多焉陰失位失中者其凶多焉要其終也合於時義則無不吉悖於時義則無不凶也大矣哉時之義乎

凡陽本吉凡陰本凶陽雖本吉不得其正則害乎吉矣得正矣不及其中亦未保其吉也必當位居中能

趨時義然後其吉乃定陰雖本凶不失其正則緩其凶矣失正矣或能居中猶可免其凶也必也不正不中悖於時義然後其凶乃定故陽得位得中其吉多焉陰失位失中其凶多焉要其終也合於時義則無不吉悖於時義則無不凶也大矣哉時之義乎

乾九二九剛健之才也而承乘又剛健是剛健之至也處陰得中有溥博淵泉時出之義臣才若此其於職位蓋綽綽然有餘裕矣夫剛健則有可久之義得

中則有適時之義兼二者而得雖無應可也況五六
虛中以待已者乎此八卦所以無悔吝而有應者尤
為美也
兌九二兌之九二剛而得中也雖上承於柔邪不足
為累此以得中之義為務也獨節之為卦自有中義
所不足者正而已今既不正矣其何以免於凶乎
巽九二巽之中以剛為誠巽之中以剛為入皆有才
適用之中也然兌務於上巽務於下其勢有所不通

如井之義貴於上行也而九二無應猶已才而下之
違時拂義人莫肯與以谷射鮒敝取象其亦宜乎
坎九二下柔險之始也上柔險之極也而已以剛陽
之才獨處中焉是已無賴於彼而彼有待於已也加
以至尊應之則險道大行不爾則幾於困矣大率有
應而道行則以貞幹之義為重無應而處中則以須
守之義為重錯舉而言則卦才皆備焉
坤六二否之時不為窮厄所動豫之時不為逸欲所
牽非安於義分者莫能也坤六二居中履正且又靜
而順焉宜其處此而無敗也雖然創物兼人陽之為
也柔順貞靜陰之德也以陰之德而遇剝觀則剝傷
於柔而觀失於固矣夫何故時既不同義亦隨異此
六爻所以貴中正而中正之中又有隨時之義也震
六二六二陰柔而在動體雖居中履正然下乘剛陽
成卦之主其勢不得安而處也非惟其勢不得安而
處揆其資性亦不肯安其處也或上應或下依有失

得之辨焉復無應而下仁吉之道也過此則違道而
非正矣益之方受彼也上下之來又何患焉无妄之
世方存誠也或應或依秖足為累他卦皆以乘剛之
義為重也大率處則乘剛動有得失非坤二柔中之
比也
艮六二以剛處上以柔處下尊卑之勢順也艮之大
體既備此象矣而六二又承剛履柔居中得正宜其
處諸卦而無過也雖然柔止之才動拘禮制若當大

有為之時則有不可必者固在蹇未能濟處艮莫能止究其用心忠義正直終不可以事之成否為累也

離六二初與三剛而得正皆有為之才也然其明照各滯一偏唯六二中正見義理之當然而其才幹有不逮其明者甚矣才智之難兼也得有應於上則明有所附矣然非剛之善用明實明之能自用也大抵以剛用明不若以明用剛之為順故八卦應五附三其勢略等而離之六五有應於下者為最美也

三卦爻六位唯三為難處蓋上下之交內外之際非平易安和之所也故在乾則失於剛暴在坤則傷於柔邪震動而無恒巽躁而或屈離與艮明止係於一偏坎與兌險說至於過極皆凶之道也然乾之健雖不中也猶可勝任坤之順雖不正也猶能下人二者之凶比他爻為少緩若夫坎之與兌以陰處陽以柔乘剛不中不正悖忤時義其為凶內切矣是知乾坤為輕坎兌為重總而論之亦曰多凶而已矣

乾九三過剛而不中雖與義適然以其有才也故諄諄焉戒命之曰夕惕曰敬慎曰艱貞庶乎有可免者不然則用所偏而違乎義矣凶其可逃乎

四四之位近君多懼之地也以柔居之則有順從之美以剛居之則有僭逼之嫌然又須問居五者陰邪陽邪以陰承陽則得於君而勢順以陽承陰則得於君而勢逆勢順則無不可也勢逆則尤忌上行上行則凶咎必至離之諸四皆是也震則四為成卦之主才幹之臣也是動而知戒是以有補過之道以陽乘陽以陰乘陰皆不得於君也然陽以不正而有才陰以得正而無才故其勢不同有才而不正則貴於寡欲故乾之諸四例得免咎而隨之四夬之四有凶悔之辭焉無才而得正則貴乎有應故艮之諸四皆以有應為優無應為劣獨坤之諸四能以柔順處之雖無應援亦皆免咎此又隨時之義也

乾九四九而居四勢本不順然以其健而有才焉故

不難於趨義又上卦之初未至過極故多為以剛用柔之義以剛而用柔是有才而能戒懼也有才而能戒懼雖不正猶吉也兌九四處下而說則有樂天之美處上而說則有慕爵之嫌初九雖無應猶可也九四雖有應尚多戒辭也然以剛說之才易得勝任故有應者無不吉而無應者亦有免之之道云

離九四陽處近君而能保其吉者以其有才而敬慎故也火性上炎動成躁急非惟不順君之所用且反

為君之所忌也恣横專偏鮮有不及唯噬嗑之去間睽離之相保與羇旅而覲客之時取君義為甚輕故其所失亦比他爻為甚緩究而言之固非本善之才也

震九四雖之成卦在乎中故以中為美震之成卦在乎下故以下為貴若是則震之九四乃才幹之臣也君之動由之師之動亦由之其功且大矣其位已逼矣然而卒保其無禍者何哉蓋震而近臣君有戒慎恐懼之義以陽處陰有體剛用柔之義持其術以往其多功而寡過也宜乎雖然功大位逼而不正不可以久居其所也久居其所則勲德反下此恒之所以戒於田無禽歟

巽六四陰柔之質自多懼也順入之才能承君也以是而處每堪其任故八卦端無凶悔之辭

坎六四其以陰柔得位而上承中正之君略與巽同然又有險之性焉以此處多懼之地則宜矣故八卦

亦無凶悔之辭

艮六四以柔止之才承柔止之君雖已身得正而於君事則有不能自濟者必藉剛陽之才而後可以成功故離九應之則終得婚媾震九應之則顛頤獲吉至於止乾之健納兌之說皆可成功而有喜不爾處剥見凶處蒙蠱見吝矣艮以能止為義能止其身則无咎可也

坤六四坤之六四不問有應與否皆無凶咎蓋為臣

之道大體主順不順則無以事君也
五五上卦之中乃人君之位也諸爻之德莫精於此故在乾則剛健而斷在坤則重厚而順未或有先之者至於坎險之孚誠離麗之文明巽順於理艮篤於實能首出乎庶物不問何時克濟大事傳謂五多功者此也獨震忌強輔兌比小人於君道未善觀其戒之之辭則可知
乾九五剛健中正得處君位不問何時皆無悔咎惟

履之剛決同人之私暱不合君道故有厲有號咷也
兌九五下履不正之強輔上比柔邪之小人非君之善道也然以其中正也故下有忌而可勝上有誡而可決大哉中正之為德乎
離六五強輔強師而六以文明柔中之才而麗之悔可亡也事可濟也然更得九二應之為貴故大有睽鼎未濟皆吉而他卦止以得中為免耳
震六五九四陽剛不正之臣為動之主而六五以柔中乘之其勢可嫌也得九二剛中應之其勢頗振動故恒大壯解歸妹比他卦為優而豐之二五以明動相資故其辭亦異焉勝於豫震小過之无應也
巽九五以巽順處中正又君臣相得而剛柔相濟相得則無內難相濟則有成功不待於應自可无咎應則尤為美也以巽順之道處中正之位君與臣相得也剛與柔相濟也相得則無內起之難相濟則有成功之理不待於應而自能无咎也

坎九五以剛陽之才處極尊之位中而且正可以有為也然適在險中未能遽出故諸卦皆有須待之義夫能為者才也得為者位也可為者時也有才位而無其時唯待為可待而至於可則无咎矣
艮六五君輔皆柔且無相得之義本不可有為也以六有靜止得中之才上依而下任也故僅能成功然非可大有為也更或無應是不得於臣又不得於民於君道何取焉

坤六五坤六居五雖不當位然柔順重厚合於時中有君人之度焉得九二剛中應之則事乃可濟故師泰臨升或吉或无咎而他卦則戒之之辭為尤重蓋陰柔之才不克大事且鮮能永貞故也

上上事之終時之極也其才之剛則柔內之應否雖或取義然終莫及上與終之重也是故難之將出者則指其可由之方事之既成者則示以可保之道時甚足貴也時過適則難與行也義之善或不必勸則直

云其吉也勢之惡或不可解則但言其凶也有始不得志而終无咎者有始釁其欲而終有禍敗者孰其[illegible]偏而謂者才尚可也反其常而動者事已窮也質雖[illegible]其或改焉則猶告之位雖處極而見其可[illegible]諭之艮有成終之義故八卦皆善履繫於所履繫於所生吉凶不敢主言也大抵積微而盛過盛而衰有不可變者有不能不變者六爻教戒之辭唯此為最少大傳謂其上易知豈非事之已成乎

讀易私言

附錄三：毛奇齡《春秋占筮書》

欽定四庫全書　經部
春秋占筮書　卷一至三

詳校官國子監祭酒臣覺羅吉善
通政使司副使臣莫瞻菉覆勘

總校官庶吉士臣倉聖脈
校對官中書臣王　璸
謄錄監生臣王　宫

欽定四庫全書　　經部一
春秋占筮書　　易類
提要
臣等謹案春秋占筮書三卷
國朝毛奇齡撰其曰春秋者據春秋傳所載占
筮以明古人之易學實為易作不為春秋作
也自漢以來言占筮者不一家而取象玩占
存於世而可驗者莫先於春秋傳奇齡既於

所著仲氏易推易始末諸書發明其義因復
衆春秋內外傳中凡有得於占筮者彙記成
書俾後之言筮者知觀玩之槪而漢晉以下
占筮有合於古法者亦隨類附見焉易本卜
筮之書聖人推究天下之理而即數以立象
後人推究周易之象而即數以明理羲文周
孔之本旨如是而已厥後象數理歧為三家
又易道廣大無所不包而天下之事亦無出

象數理外者於是百家技術皆從而牽引推闡之亦皆足以自成其說故六經之學惟易最雜春秋內外傳所紀雖未必無所附會而要其占法則固古人之遺軌譬之史書所載是非褒貶或未盡可憑至其一代之制度則固無偽撰者也奇齡因春秋諸占以推三代之筮法可謂能探其本而足闢諸家之喙者矣乾隆四十三年九月恭校上

總纂官臣紀昀臣陸錫熊臣孫士毅

總校官臣陸費墀

欽定四庫全書

春秋占筮書卷一

翰林院檢討毛奇齡撰

周易筮書也周官卜人以八頌占卜詞即以八卦占筮詞因之別設筮人掌三易以辨九筮使占人占易皆有成法而惜乎其書不傳惟春秋諸傳間存兩詞其在卜詞如陳敬仲奔齊傳所云鳳皇于飛和鳴鏘鏘是也而在筮辭則如陳敬仲初生傳所云觀國之光光遠而自

他有耀是也今燋契不作華氏之卜辭可無問矣獨是筮閱周易其辭象變占實出義文孔子三聖所授受故每蓍筮辭輒屈折幻眇隨其事之端末而言之明明指之鑿鑿凡一十二公二百四十年間所載其詞具在而並無解者雖杜氏有註孔氏有疏義總未明了即或焦贛京房虞氏荀氏輩偶一論及亦且彼此卜度而不得領要以致王弼邪說橫行于世而宋人和之且謂春秋筮辭統屬附會一似事後言狀增損之以欺後世者不

惟占筮亡即周易亦亡夫彖辭卦辭猶筮辭也聖人設卦觀象以繫詞猶之剛柔相推八卦相盪以玩占也易以象為辭而今反舍象而斷辭易繫詞以明占而今反舍占而專求此卦詞之字句是詞象變占不當並設而究其所為字句者又仍無一解何為涉川何為即麓何為戰龍而乘馬即離日坎月乾金震竹牛羊甲兵井繘床胏凡易之觀象而繫詞者全然大瞀而乃謂兩傳多事即周官三易亦難以考據將韓宣子來聘所稱易象

春秋周禮在魯者三書一併亡矣予作仲氏易就五易以行三易曰變易曰交易曰反易曰對易曰移易且作推易始末立十筮以括九筮曰名曰義曰象曰方位曰次第順逆曰大小體曰互體曰時日氣曰數目曰乘承敵應及書成而易義明即占易之法亦與之俱明覺向時讀諸傳而茫然者而今豁然向之繹其辭覈其事以為必不能有是而悶然者而今則實見其有是而豈然快然此非三古以來數千年不傳之秘至今日而始發之乎當說易時亦稍存其說于卷中而觀者以為簡約多未備且雜附難考因專輯此書名曰春秋卜筮以倖存周官筮人之一綫焉

春秋內傳

莊二十二年傳　陳厲公生敬仲其少也周史有以周易見陳侯者（周史周太史掌書春易筮者）

陳敬仲即陳公子完也是年陳宣公殺太子御寇而敬仲慮禍及奔齊齊侯使為卿其後子孫田氏竟代

齊有國因追遡前事而述少時周史占筮之辭以為後驗

陳侯使筮之遇觀（坤下巽上）䷓之否（坤下乾上）䷋

所遇是觀卦以四爻動當變故以六四變九四以巽變乾謂之之之者往也後倣此

此是兼卦凡筮有專卦兼卦總合卦中所有名位體象往來順逆諸法而備推之無專卦占總象兼卦占變爻所遇所之但占遇而不占之之說與宋人易學

啓蒙占法大別惟隋劉炫謂兼卦亦祇占遇卦而不占之以哀九年晉侯筮救鄭陽貨祇占所遇歸妹一卦為証然亦非是說見後

曰是謂觀國之光利用賓于王（此觀卦六四爻辭）此其代陳有國乎不在此其在異國乎非此其身在其子孫

自此至其昌乎皆史之筮辭是謂二句是彖辭先明述彖詞隨下數斷語然後次第發明之大抵作筮詞法或散或韻總任揲筮者臨占撰造之語非舊有成

欽定四庫全書　卷一　春秋占筮書　四

文如是也焦贛見他傳有全用韻者疑為成文因造易林一書預為韻詞一如神祠之籤經以待人來占則可笑甚矣若郭璞亦自造龜卜繇辭名曰辭林則皆其自記已卜之事與筮辭同

夫巽坤何以名觀也巽坤者兼畫之艮即大艮也（如疏為大坎☳☳類）說卦艮為門闕即闕門又名觀門傳所謂兩觀者也特朝有觀廟亦有觀（舊以艮為鬼門指宗廟言）而其解則祇以觀闕懸象備觀看之義故諸爻皆觀上觀下各有所觀而惟此一爻則正值大艮闕門與三五同功互艮闕門之內（每卦以三至五二至四為互卦名為同功）恰是觀象觀象者觀光也筮法卦有方位方者離南坎北之類位者六爻之位如一二三為陽陰陽為離位四五六為陰陽陰為坎位此定位也然位上加爻錯雜難辨惟純陰純陽則見之故坤為純陰內卦有離離為日為火（見說卦）為光（見虞氏易）坤象所云地道光文言所云含萬物而化光者雖離光即坤光也今觀下有坤坤為國（見虞氏易）又名國光其觀國光而至者書云覲光詩云休有

欽定四庫全書　卷一　春秋占筮書　五

烈光皆有國之人大抵不越諸侯來朝諸侯助祭及諸侯貢士于王三等而總稱曰賓其在來朝稱大賓容在貢士稱賓興而在助祭則稱王賓稱助祭之賓皆賓也而陳備三恪適是賓國此非代陳有國乎完雖公子或當嗣君而無如其變為否也既變否則似不在陳而在他國且不在其身而在其子孫其故何也

光遠而自他有耀者也坤土也巽風也乾天也風為天于土上山也有山之材而照之以天光於是乎居土上則以光者遠而不近光在此而耀在彼非可以國光限者夫坤之為土巽之為風乾之為天皆見說卦夫人而知之也特巽上坤下有風土而獨無天今以巽之六四變乾之九四是觀外之風變而為否外之天天下濟而地上承當必有山居其間而二四互艮公然山也二四同功為互艮然且艮從巽變巽為山木說卦有山之材

而照之以乾之大赤說卦乾為大赤三陽輝輝尚猶是國光也乎夫國光坤光耳此為天光以天光而加國上光雖遠而國已殊也此自他者也異國也

故曰觀國之光利用賓于王庭實旅百奉之以玉帛天地之美具焉故曰利用賓于王

故賓王有說諸侯來賓必各具享禮陳百物以實于庭所謂庭實而旅百是也顧物豈易具毋論四享三享陳物不一乃即以玉帛觀之乾為金玉坤為布帛皆說卦向使觀未變否則有坤無乾有地無天有布帛而無金玉而今則天地之物既美且備此其賓王為何如者故曰利也

猶有觀焉故曰其在後乎

然而未遠也夫否之二四而成互艮也山也實觀也前既為觀則朝廟之外豈當更復有觀者乃猶有觀焉高踞艮闕第俯觀門闕而身不得入觀象之內則後此者矣非其身矣

風行而著于土故曰其在異國乎若在異國必姜姓也姜太嶽之後也山嶽則配天物莫能兩大陳衰此其昌乎

如此則既不在陳又不在身象固如是然而其國安在夫風行而著于土任所至而託足焉其為異國固然也顧何異國也吾以觀否合占之觀以大艮合互艮而否則又以互艮而仍合大艮則以一大山而領諸衆山之小此大嶽也大嶽者姜姓此必姜氏之國

也然而物有興衰卦既變否則必先有否而大至焉故大嶽配天天子祭天地則嶽瀆配之今否上有天山自能配然而自觀之否約有四山觀一大山否又一大山而究之合兩為一總成一否艮泰震之大山否為大艮循泰為大震總見筮法能有兩乎則必陳衰而後此國昌其周史筮辭有如是者

及陳之初亡也陳桓子始大于齊其後亡也成子得政原文皆有删去後做此

此附記後驗文也昭八年楚滅陳哀十七年楚復滅陳故有前後亡陳桓子即無宇成子田常也敬仲至田常約有七世又三世滅齊已十世矣十者陰數之盡繫辭地數十觀否皆內坤故與數合

唐人定命錄天寶十四年王諸入解筮遇乾之觀謂巳及賓王而大人未見以乾五不動也遂遇祿山變而返此以貢士賓興解賓王頗合筮法但觀互為坤坤在九家易曰為亂在虞氏易曰為師而內坤離位則說卦直曰為甲冑為戈兵此與祿山之變一何駭切向遇周史則又疑鬼疑神矣始知聖人設筮無時不告而世卒無知之者因附識此

閔元年傳初畢萬筮仕于晉遇屯下震上坎䷂之比下坤上坎䷇畢萬畢公高之後仕晉為大夫晉侯初作二軍萬為車右以滅魏遂賜萬以魏其後分晉有國此筮仕晉之始也

辛廖占之曰吉辛廖晉太史

屯固比入吉孰大焉其必蕃昌

何以吉也夫屯之為義也下震動而上坎險皆說卦文動而得險故曰屯比之為義下坤土而上坎水水土相比故曰比然而屯貴貞守卦所云居貞又云利貞者貞也即固也比貴親切象所云比輔象所云比乎者皆親切者也切者入也所守既貞固而與物善入則于以筮仕有何勿吉而吾并卜其必後昌者

震為土車從馬足居之兄長之母覆之衆歸之六體不

易合而能固安而能殺公侯之卦也公侯之子孫必復
其始
則以卦分合有體自震一變坤而雷變為土因之震
之為車坤之為馬亦相從焉此合體也（為車為馬說見後）乃
分觀震體則震居乾之下體而又為長男（說卦震為足虞氏諸
易為兄）既可作國之長伯而以觀坤體則以母覆眾（坤為
母為衆見說卦）將育物而物歸之但觀此六體而子孫之昌
有不易者況萬為畢公高之後前既為侯則後必以

侯復之屯曰利建侯則比之建萬國以親諸侯所之
與所遇始終如一筮有卦雖變而仍不變者此其二
也
震為車說卦與諸家無考惟國語司空季子占公子
重耳之筮云震車也則有據矣況後秦伯伐晉傳又
稱震為侯車此無可疑者若坤為馬則正義以卦辭
利牝馬之貞為証惟比合屯固坤安震殺則全無所
出或謂子太叔對趙簡子有為刑威獄使民畏忌以

類其震曜殺戮一語即是震殺則震曜殺戮四字連
列非相承作解何足為據
（閔二年傳）成季之將生也桓公使卜楚丘之父卜之（此不載）
又筮之遇大有（乾下離上）䷍之乾（乾下乾上）䷀
成季魯三家季氏之祖季友也以謚成曰成季
曰同復于父敬如君所（父所謂）
此卜父筮詞然從無解者舊註云乾為君父離本是
乾子今還變為乾故曰復父然仍不可解按季友為
魯桓第四子長莊公次仲慶父又次叔牙季其少也

少子將生而筮男女則其所告者當不出六索之法
（見說卦）乃遇大有而變上離則離為中女原有未合然
獨不曰季與莊公為同母弟乎二人皆嫡母文姜所
生而仲叔兩家總屬長庶古嫡稱同母庶反稱同父
惟重嫡故并重母則以女君生次子而尊屬之母比
之坤母之再索則再索得離何為不可不過曰此女
君之次生云耳乃一變為乾而已復父矣乾為父此

同父矣然且乾為純爻爻內有卦位(說見前)向為上離
時則坎位不見今變乾而中坎昭然坎為次子則向
為母索者今變為父索非復父乎又且嫡庶分父母
并分氏族長嫡既為君則必次嫡為大宗諸庶為小
宗而後各改氏而共成一族以一父也(此宗法見大小宗通繹)
今桓之四子莊既嗣桓則季氏大宗仲叔小宗當合
仲叔季三氏而共成桓族謂之三桓乃次嫡未生離
未變乾則上卦三乾中闕其一安所得三桓而齊視

之而一變而三乾並列總成一乾三桓三族總一桓
族則其所為復父者獨季氏也乎故曰同也
若然則乾為君父不惟同父亦且同君雖非君而如
君之尊可以推位而得之位者所也祇君所不同初
遇大有特上離下乾離日而乾天日居天上已駸駸
有凌所之勢及一變而大有六五竟改為乾之九五
九五君位雖非大有六五爻孚威如有合同謹畏之
象亦誰敢不敬宜乎季孫之後專國政而卑公室儼

然君也特是大有之變衆多分勢(大有衆多之象)而離位南
方終守北面故春秋戰國他僭篡竊而魯獨無有即
昭公出遜亦且虛位多年不越尺寸則其敬君所者
蓋真書所載如之而已

(僖十五年傳)秦伯伐晉卜徒父筮之吉涉河侯車敗詰之曰
乃大吉也三敗必獲晉君
秦伯秦穆晉侯晉惠也晉惠入國實秦穆所納而晉
不報德而反報以怨故伐晉卜徒父掌卜筮官自吉

以下六字皆徒父之言是時筮者見卦象有異怪之
不先示何卦急曰涉河侯車敗矣秦伯不知卦并未
開筮辭恐車敗在己故詰之乃曰我大吉其敗在晉
且不止車敗似當三敗其前軍而後敗侯車而獲其
君其故何也
其卦遇蠱(上艮下巽)䷑
以其卦遇蠱也前此數語則皆於此一語解之蠱內
巽外艮內既巽順而外復艮止動輒得敗故曰蠱蠱

若敗也乃以象言之凡兩卦之間有一剛在中即謂之坎今以兩剛居初四之間則在蠱卦辭原曰涉川（蠱元亨利涉大川）而泰之入晉又必踰河以進之因而曰涉河此固然也顧既已涉河則兩軍相接當占車乘今蠱之三五恰有互震居其間則震車也（見前）且此非他車震為諸侯（見九家諸易）即侯車也然且震名仰盂（見卦訣）實有類于車箱然乃蠱上有艮艮為倒震（見轉易法）震一倒而車箱盡傾向之所為仰盂者今覆盌矣（艮覆盌亦卦訣）

傾與覆為敗則敗矣故曰侯車敗

張文楚曰先生解是傳成容有從江寧來者驟見大驚以為入神然究未敢信曰轉易何據先生曰轉易即倒易文王設此法為序卦用者凡六十四卦惟乾坤坎離頤大過中孚小過八卦不倒餘則屯蒙一倒需訟一倒師比一倒皆兩兩顛倒歷排之以至于盡是轉易一法實周易開卷一大面目而舉世不曉宜乎六經盡亡遺宋人蠱惑而終不察也容乃取易諦視之再拜而退

特蠱以敗名不止一敗似涉河之時當先有三敗而後及于車敗者按推易一法類聚羣分必以陽之合聚者分移他卦以為卦謂之往來泰之小往大來否之大往小來皆是也往者去也今蠱之為卦實從泰與恒損三陽合聚者往來而成然而無陽來而祇有陽去一從泰之三陽初往上來一從恒之三陽四往上來一從損所環聚之三陽初往三來（說見仲氏易卷首及各卦）

凡此三推皆以我所聚三陽往而移彼謂之三去去與驅通字即三驅也然且三去必涉河泰踰兩剛（泰初踰二三兩陽而出陰即是踰河下同）損踰一剛恒且踰上位隱坎之剛（上為坎位隱見于外說見前）是前稱三敗後稱三去皆于踰河時見之故曰必涉河而後侯車敗非無謂也

張文檒曰推易即移易在伏羲時即有之如山澤為損䷨亦從泰之三陽三往上來及倒損為益上風下雷䷩則又從否之三陽初往四來此倒

易亦移易也然而損下益上損下卦一陽而益之上則所損在我即名曰損損上益下損上卦一陽而益之下則所益在我故名曰益是伏羲畫卦亦早以推移往來定卦名矣況小大往來文王言之剛來下柔柔來文剛則孔子言之然且類聚羣分剛柔相推繫詞兩篇無非解推易一法此真三聖作易之至祕而五易全亡九筮滅沒非先生其誰發之

然而必知獲君者艮為止天下無車敗而車中之人不止獲者凡被獲曰止國語君之止子之罪也竟以獲稱止即此事也又且艮為手為拘拘者係也說卦拘誤作狗今從荀易改正故隨為倒蠱見轉易法而隨之互艮亦且拘係小子拘係丈夫而繼之曰隨有獲此非拘止之而獲之也乎是晉侯之獲歷觀之艮象而有斷然者故曰此可必也

曰千乘三去三去之餘獲其雄狐夫狐蠱必其君也去叶[illegible]

此又作有韻筮辭以申括之千乘諸侯也三去見前雄狐者艮為狐狼見虞氏易艮之陽一爻即雄狐也蠱者君父之惡以陽狐而擅君父之惡是狐而蠱者故曰必其君

蠱之貞風也其悔山也歲云秋矣我落其實而取其材所以克也實落材亡不敗何待

此又別解內外象以備餘意洪範內卦為貞外卦為

悔內巽外艮則內風外山象固然也但據經文此時十一月而傳稱秋者周之十一月即夏之九月恰是秋時卜筮重時氣故必以夏時斷之若艮象無材而曰材曰實以卦有互震震為木而上連艮山謂之山木則山有材實矣此與陳敬仲傳有山之材義同

三敗及韓

此下記事文令即錄之以明驗韓晉地即韓原

戰于韓原晉戎馬還濘而止

戎者晉侯之車傳稱步揚御戎家僕父為右者馬即
小駟駕車者也還盤旋也止者拘也駕車之馬盤旋
泥濘中而拘止其車此車敗之驗

秦獲晉侯以歸

穆姬聞晉侯將至以太子罃弘與女簡璧登臺而履薪
馬使以免服衰絰迎

穆姬秦穆夫人晉惠姊也太子罃即秦康弘其母弟
與女名簡璧皆姬所生履薪者自囚請罪之禮且使

行人衰服迎秦伯明必死也

子桑曰歸之而質其太子必得大成

子桑秦大夫公孫枝也謂當歸晉君太子圉為質秦
伯從其言

乃許晉平

春秋占筮書卷一

欽定四庫全書

春秋占筮書卷二

翰林院檢討毛奇齡撰

初晉獻公筮嫁伯姬于秦遇歸妹(兌下震上)䷵之睽(兌下離上)

此又追記晉嫁姬筮辭以并驗其事史蘇晉筮官

䷥史蘇占之曰不吉

其繇曰士刲羊亦無衁也女承筐亦無貺也

繇即易詞士刲羊二句本歸妹上六爻詞先述之以

明不吉之故蓋歸妹名卦原以上震長男與下兌少
女難為匹配故以震兄兌妹作長兄嫁妹之象此本
不利嫁娶者況歸妹上爻正言新娶謁廟禮所稱男
以特羊告廟女以棗栗腶脩承筐進獻者而乃上非
正位下又無應娣姒匹配薦享不行則雖震為筐(震仰盂為筐又服虔謂震為竹竹為筐)兌為羊離為刃坎為血(皆說卦)諸象
皆見而上位過高不惟超兌亦越離坎雖欲行謁禮
而無其具也

西隣責言不可償也歸妹之睽猶無相也

兌西方之卦泰在西恰是西隣服虔以為三五互坎坎為月月出在西為西隣則間一層矣責言不償正指伐晉責報言兌為口舌動多責讓而互坎之耳半掩于震（互坎半體為震所掩）誰能償之相助也婚姻以求助傳所謂繫援之者而歸妹之睽則一嫁而睽隔之矣且上曰睽孤孤亦何助

震之離亦離之震　為雷為火為嬴敗姬

且其象有大異者夫以歸妹之震變而生離謂震之離則當未變時震之下剛生于互離亦離之震也震以木而生雷火則木為火母震母家也乃震變為離而離反以火而轉焚其木此俗所云生女外向不利母家者非嬴敗姬乎

車脫其輹火焚其旗不利行師敗于宗丘（丘詩衛風送子涉淇至于頓丘）

然且震為車車上變而下輹脫矣震木上動則為旗乃變為火剛而旗上焚矣雖離為戈兵為甲冑有行師之象而轍亂旗靡亦有何利夫震我也之離容也我之主震倒艮山而為之丘是主丘即宗邑也而乃變容之離剛而敗于其地是敗于宗丘矣此指韓原之敗言舊註韓有先君廟

張文蕆曰震木上動為旗本杜氏註舊謂荀九家易兌為常吳澄謂常為九旗之一此歸妹原有兌則火焚在上當是兌旗不知上震之哭不及下兌且睽亦有兌焚無兩旗則其象亂矣故不取焉

歸妹睽孤寇張之弧

此指獲晉侯并歸晉侯言夫歸妹之所之者睽孤也之彼為敵則睽孤者寇也然而其辭曰先張之弧後脫之弧夫猶是弧也而寇張之寇忽脫之則猶是晉侯而寇獲之寇忽歸之其象正同

姪其從姑六年其逋（句）逃歸其國而棄其家（詩孫）明年其死于高梁之虛（墟同）

此下皆指子圉事言子圉以十六年質秦秦妻之二十二年子圉逃歸二十三年惠公卒子圉立是為懷公二十四年秦穆納公子重耳懷公奔高梁重耳弒之此其事也今筮者謂歸妹以震兄嫁兄妹則火本為震所出故以嫁女言之則離火者震木之女也而以歸妹言之則離火者又震兄之子也毋女為姑而兄子即為姪則同此一離而姑姪並居有似乎從之者然

顧以環占言之不曰震之離亦離之震乎卦盛極必反自震一之離而兩卦上下合成四離（兩正兩互）火炎極矣極則離必之震故自上之初閱六爻而上又變則六年矣六年而離上之剛仍變震柔變者遁也遁則震為宗國今復逃歸而所妻之家所云男以女為家者亦棄如敝屣豈非離亦之震乎然而六爻相巡一周而盡陰生陽死不俟多日況上剛既亡將向之一梁高出巋然橫亘者亦變而為墟歸于是死亦于是

矣此槩括晉惠子圉兩事而預斷之者高梁晉邑後子圉被弒果在其地或謂此筮在昔人相傳已久服其神驗故圉死之地即名高梁此死後稱之非先有其地者然此皆少見多怪以小人之腹妄度君子欲為回護而反見其陋成季未生時卜者謂當名為友及生而果有文在其手曰友因名之此在百餘年後趙簡子史墨猶能道及不知此腹中友字在生後刺之抑先有其文者試亦度之

張文楚曰環占法前畢萬筮仕傳既占屯震之坤為諸侯又轉占比坤之震亦為諸侯謂之終復其始法同

及惠公在秦曰先君若從史蘇之占吾不及此

此時無子圉事故僅記此語以完秦伯伐晉傳

（僖二十五年傳）秦伯師于河上將納王狐偃言于晉侯曰求諸侯莫如勤王使卜偃卜之曰吉（卜文不載）

時襄王以王子帶之亂出居于鄭秦穆將納王狐偃

勸晉文先之以摟其功勸王即納王以勞于王事曰
勤卜偃卜筮官
筮之遇大有（離上乾下）䷍之睽（離上兌下）䷥曰吉遇公用享
于天子之卦也戰克而王饗吉孰大焉
公用享于天子即大有九三爻詞在本辭之義原謂
乾三踞下國之首象屬三公三公近天子往得受天
子饗禮而兌口離腹加之夏離秋兌值時物長養之
候可行燕饗（說卦兌為羊鄭氏本作養）故即用其辭以為戰克而

王饗吉孰大焉其云戰克者以勤王必戰也舊註謂
卜辭有黃帝戰于阪泉之兆語故云則卜筮兩辭安
得雜見誤矣
張文彬曰兩卦皆有離離為甲冑戈兵正戰象也
況變兌而得互離則兵甲愈盛戰已勝矣
且是卦也天為澤以當日天子降心以逆公不亦可乎
大有去睽而復亦其所也
且以乾天變兌澤是天為澤也天最高而澤最下是
降心也天為澤以承日則與王之降心以迎公何異
此觀其所之而有斷然者乃即以環占推之縱去睽
而占大有下乾上離以乾天而下離日降心亦然所
謂無往而不得其所者雖還復其卦亦如是也是時
謀迎王反曰逆公者以勤王言則迎王以王饗言則
逆公乃其象則正義謂乾變澤以延日影如迎日然
此為得之
晉侯辭秦師而下次于陽樊右師圍温左師逆王王入

于王城取大叔（即王子帶）于温殺之晉侯朝王王饗醴命之
宥（此勤王戰克王饗之驗）
饗醴既饗而又設醴酒宥助也又以幣帛為助
附宣十二年傳晉師救鄭及河聞鄭既及楚平桓子欲還（即荀林父將中軍者）彘子不可（即先穀佐中軍者）知莊子（荀首）曰此師殆哉
此記晉楚戰于邲而晉師敗績之事然口語及之
並非筮詞與蔡墨說龍子太叔論楚子並同惟此
傳與占筮相表裏故附載之

周易有之在師坎下坤上䷆之臨兌下坤上䷒曰師出以律否臧凶此師卦初爻辭執事順成為臧逆為否

此引易而亦占變者先引遇卦爻辭論之釋言云坎律銓也樊光曰坎水也水性平故律與銓皆取水為平準又郭璞曰易坎卦主法法律皆所以銓量輕重是坎為律象又且黄鍾為律本而位乎坎故坎為律為法令以坤衆之師出之以內坎之律是中軍有令而師衆從之所以臧也否則不臧而

凶矣所以執兵事者坤為順順成為臧逆則凶衆散為弱川壅為澤有律以如己也故曰律否臧且律竭也盈而以竭夭且不整所以凶也

此兼論之卦坤衆說卦水亦衆見白虎通井杜註既失坎律則坎衆亦散將變而為兌之少女弱矣又且坎本川流改為兌澤川亦壅矣夫有律以從己也如者從也見杜註令不從而逆則律敗竭者敗也川盈而竭律甚嚴正而夭邪不整以至敗壞非凶而何

不行之謂臨有帥而不從臨孰甚焉此之謂矣果遇必敗彘子尸之雖免而歸必有大咎

且師貴行也惟臨則坤土所行遇澤即止謂之不行今彘子逆命師不行矣若遇楚師恐將不免師在三五不能無輿尸之象其人佐中軍即弟子也弟子輿尸彘子能免之乎縱或免歸必有大咎此為明年殺先穀傳

成十六年傳　晋侯將伐鄭楚子救鄭公晋侯筮之史曰吉其卦

遇復坤上震下䷗

此晋楚戰鄢陵而晋筮之者復是專卦

曰南國蹙射其元王中厥目蹙目韻

其卦本六陰而一陽來復故謂之復則當未復時固重坤卦也坤為國兩國寬然及陽復而在南一國實有一剛挫其地而不成為坤則南國蹙矣南國者楚也且夫復之加一陽而為震也震為長為諸侯即元王也顧卦位坎離爻純即見今坤本純陰而坎之弓

輪離之戈甲（皆說卦）兩師俱見獨南離為目（說卦）橫集一矢有似于坎弓之射之而中之者則夫震剛之受射者非其王而離眶之半掩者非其目乎

張文蕺曰明何楷說易稍識筮法其說此卦謂貞我悔彼初九元吉在我上六災眚大敗以其國君皆屬彼且以震木克坤土射之義也以災眚而致大敗眚為目疾則中厥目之象也此較之宋儒之妄誕庶幾近理然中目無象且以貞悔分彼我亦

欽定四庫全書　春秋占筮書　卷二　十一

筮法一節顧與此卦大不合說見仲氏易

及戰射共王中目

（襄九年傳）穆姜薨于東宮始往而筮之遇艮之八（艮上艮下）䷳

穆姜成公母以通于叔孫僑如欲廢成公而立公子偃公子鉏且使僑如愬于晉而逐季孟事敗故徙居東宮此因其既死而追述始往之筮以為戒雖姜氏自為筮辭然悔罪親切辭與事有恰合者東宮太子宮也艮之八者揲筮之策以六七八九為陰陽老少之數從來莫解說見仲氏易乾卦及易小帖

張文蕺曰艮不能變隨必艮之五爻俱變獨第二不變則為隨則此第二爻者即之隨之爻也乃商易揲策以八為少陰不變故指此不變之爻為八是艮之八實艮之第二爻耳

史曰是謂艮之隨（兌上震下）䷐隨其出也君必速出

此史就隨卦名略說以慰姜氏之心以為隨者上兌下震口乍啟而足隨之且動而得悅（兌口震足震動兌說皆說卦）

欽定四庫全書　春秋占筮書　卷二　十二

有出之之象君小君也

姜曰亡是於周易曰隨元亨利貞无咎（此隨卦辭）而姜曰否此在周易卦詞曰隨元亨利貞无咎然果无咎哉

元體之長也亨嘉之會也利義之和也貞事之幹也體仁足以長人嘉會足以合禮利物足以和義貞固足以幹事然故不可誣也是以雖隨无咎

元體之長至足以幹事古釋卦辭凡卦有元亨利貞

者皆以此釋之故孔子取以為文言而姜亦用以釋
隨不然姜氏先孔子生時十有餘年而反得用孔子
語謬矣然故不可誣也以下是姜自解筮之詞以為
此四德者固元亨利貞之謂也然慮其誣也男女相
隨動而得說稍有假借便是失德是必不誣于其德
而後内剛外柔雖隨无咎

今我婦人而與于亂固在下位而有不仁不可謂元

今我不然東宮本下位而降而居之然且震為太子

宮（艮男出震為太子宮）而位居東方即東宮也（震東方之卦）乃以艮
變隨而震宮在下則其在下位有固然者然而坤元
也坤元之位豈不尊上而我以婦人而與於婬失（婬失）
（為亂）一似人之無良我以為君者元君猶在無良（仁良）奈
何

不靖國家不可謂亨作而害身不可謂利

然且坤元本安靖而在艮之坤二陽擾之在隨之坤
三陽擾之凡筮遇為我而之為彼在我家也在彼國
也（坤長道為家為國見前）今在國則一君擾内（指成公）二臣擾外
（指季孟）在家則又二少男（指二公子）合擾中外國家之不靖
甚矣不亨矣

乃由國而家而身其在遇艮則曰艮其背不獲其身
而在艮二變隨則又曰艮其趾不拯其隨是身不得
作雖欲隨所之而不可得矣而況作而之震震又隨
兌一舉足而蹈澤中（震足兌澤）不惟不得作即作而身亦
何利

棄位而姣不可謂貞

且夫匹配各有位也坤位西南本與艮位之東北相
配對也今重艮一變而坤棄位而左降為兌艮亦棄
位而左降為震（隨之兌震適俱位坤艮之左）長男幼女顛倒配合
是姣也姣者淫也坤貴安貞而棄位而淫可謂貞乎

有四德者隨而无咎我皆無之豈隨也哉我則取惡能
無咎乎必死于此弗得出矣

是四德不備不可為隨去德取惡焉能無咎此在艮

卦辭有云行其庭不見其人我之死此中必也若欲
出此則一入震宮而艮門兩剛有若重鍵（二四互艮上有二陽）
然且山填之（艮）澤蔽之（兌）少男少女環守之（一三艮兌）雖
艮有多門而總已毀折（重艮所變有五爻兌為毀折）在艮象有云
艮者止也止其所也止此而已雖欲出弗可得矣
按姜此筮辭實多才有學雖悔罪不吝而尚隱乎為
辭者故詞似淺近而卦象微眇推測不盡策書載此
以示婦人無德有才何用中冓自訟祇增媿嘆此與

邶風之錄氓詩並同
附宋時金舉兵來侵筮之遇蠱䷑之隨䷐（此正相反）
之卦六爻俱動然仍占遇之兩卦象（朱氏謂六爻皆動則占遇卦大誤）占者曰我有
震威（震為出威見國語）而外當毀折（兌為毀折）敵敗之象也（內我外敵）
蓋隨自否來䷋又自益來䷩皆以上剛填
下柔（皆三陽推易法）而蠱之所變亦復如是艮上變柔（蠱艮上九變隨兌上六）
巽初變剛（蠱巽初六變隨震初九）乾元在上下填
坤初斷敵兵之首而墜于地矣且兩互為漸（三五互巽二四互艮合之為風山漸）漸之辭曰夫征不復其何能返此做
漢魏諸家斷法而為說者其後果驗
（襄二十五年傳）齊棠公之妻東郭偃之姊也棠公死偃御崔武
子以弔焉見棠姜而美之使偃娶之筮之遇困（坎下兌上）䷮
之大過（巽下兌上）䷛陳文子曰夫從風風隕句妻不可
娶也
坎為中男故曰夫變而為風故從風然而風能隕物
則此妻何可娶也

且其繇曰困于石據于蒺藜入于其宮不見其妻凶
此困六三爻詞
困于石往不濟也據于蒺藜所恃傷也入于其宮不見
其妻凶無所歸也
此文子占筮之辭按推易法困從否來虞翻謂否三
在互艮之二陰而前當艮剛正石也水逢石而險則
不濟矣荀九家易坎為叢棘為蒺藜所恃如此不又
多傷乎且三居互離之中而前後掩空此非中空若

房世俗之所稱離宮者哉夫坎男之陰亦即離女之陰也（三為坎之上陰即互離之中陰）既為坎男而已入離宮即欲再求所為離女者而何可復得男以女為家無家將安歸所以凶也

崔子曰嫠也何害先夫當之矣（言棠公已當此凶）遂取之莊公通焉崔子弒之二十七年崔成崔彊殺東郭偃崔子御而出見慶封（避慶封家）慶封曰請為子討之使盧蒲嫳帥甲以攻崔氏（上崔子于家嫳言討既而反使攻崔氏）遂滅崔氏其妻縊（即棠姜）

嫳復命于崔子且御而歸之（嫳御崔子歸）至則無歸矣

附 晉史元帝為晉王時將渡江使郭璞筮之遇豫☳☷之睽䷥璞曰會稽當出鐘以告成功上有勒銘應在人家井泥中得之繇辭所謂先王以作樂崇德殷薦之上帝是也（豫象辭）及帝即位太興初會稽剡縣果于井中得一鐘長七寸二分口徑四寸半上有古文奇書十八字人莫識者先仲氏以推易法衍之豫上震下坤震為龍為首出之子而下連坤土此奮而出地之象也悔為睽上離下兌嚮明而治而金以宣之體離互亦離（睽二四互離）此重明重光中興之象也震為鳴為聲（說卦）故先王以作樂崇德而合睽之兌金以升于睽之離火是坐明堂向南離而考擊鐘鏞以作樂之象也祇兩卦皆有坎水以陷之（豫睽三五皆互坎）則尚在陷中未經出土而豫坎互坤（豫三爻為坎坤互用）則當在水土之間況豫之震為東方離為南方會稽者東南郡也豫有互艮（豫二四互艮）

艮為成萬物之所以成終者也（說卦）則非告成功乎若曰鐘有勒銘有古文則睽離為文兌為言以文為言非勒銘乎至若長七寸二分者南北為縱縱即長也南離之數天七地二（此大衍之數宋儒誤以為河圖下同）則七寸二分也大數陽小數陰也徑四寸半者東西為衡衡即徑也西兌之數地四天九則四寸半也陰數四折陽數之九而半分之則四寸有五也

春秋占筮書卷二

欽定四庫全書

春秋占筮書卷三

翰林院檢討毛奇齡撰

昭五年傳 初穆子之生也莊叔以周易筮之

穆子叔孫穆子名豹者也莊叔穆子父也按成十六年穆子避僑如之難奔齊及庚宗遇婦人宿焉襄二年召歸立為卿庚宗婦攜其子獻雉問所生曰能奉雉矣召見號曰牛使為豎有寵長使為政乃以讒殺

長子孟又譖而逐仲穆子疾弁私絕其饋餓死至是昭子即位殺牛因追述穆子初生之筮以驗之

遇明夷䷣離下坤上之謙䷎艮下坤上以示卜楚丘卜人名曰

是將行而歸為子祀以讒人入其名曰牛卒以餒死祀牛死韻牛音眠

先立有韻筮詞以檃括大意復逐節解之

明夷日也日之數十故有十時亦當十位自王已下其二為公其三為卿日上其中食日為二旦日為三明夷

之謙明而未融其當旦乎故曰為子祀
明者日也夷者傷也離在地下則明為地掩未免受
傷然而日之數十自甲至癸其時數皆十而與人位
之十等相當如日中當王（以陽盛也）食時當公（以次而左旋至日昃）
平旦當卿雞鳴當士夜半當皂人定當輿黃昏當隸
日入當僚晡時當僕日昳當臺大抵自王一等以下
其二等為公三等為卿則是日中為上等食時為二
等旦明為三等今以莊叔本卿位而當明夷之初旦

且變而之謙謙又卑退則雖已旦明而尚未融暢恰
是卿位故曰為子祀言可繼子奉祀者
日之謙當鳥故曰明夷于飛明而未融故曰垂其翼象
日之動故曰君子于行當三在旦故曰三日不食
日之謙當鳥謂日之謙之爻即初爻也離為飛鳥（見九家易又說卦為雉虞氏易為隼為鴝）而未明初飛即變為艮是離之兩
剛相夾如健翮者而初剛下折是垂其一翼也且日
動震亦動也離日已動而三五互震且復前行是于

行也乃甫行而日位當三又非食時則三日不食矣
張文彬曰按推易法明夷為臨卦所易廢下兊之
口以成離虛（離中虛）此一不食也若明夷之謙破下
離之腹以就艮之鬼冥門（見前）則直餓死矣又不食
也故仲氏易曰移子兩不食前之不食在庚宗時
使婦私為食而就宿焉因生豎牛此推易法也後之
不食則絕其饋食雖山有萊蘇亦反虛是而出之而
因而餒死此古之卦法也其精如此

離火也艮山也離為火火焚山山敗於人為言敗言為
讒故曰有攸往主人有言言必讒也純離為牛世亂讒
勝勝將適離故曰其名曰牛
此又以環占法推之以離火變艮山而還而觀之則
亦可以離火焚艮山而艮敗矣艮為人（字形）為成言（說卦）
（成言乎艮）艮敗則人言俱敗將有以主人而聽讒言者夫
純離為牛謂離上離下其卦詞曰畜牝牛吉今以離
之艮而艮還之離則純離矣純離當名牛則世亂讒

勝似必有名牛者起而敗之非無故也此指豎牛之
亂言
張文彬曰仲氏易謂庚宗之婦固下離之中女也
離者別也乃初變為艮而少男生焉然且此艮一
變而謫之三五互震為長男二四互坎為中男者
其二剛爻總以一艮剛掩之殺長孟而誅仲子皆
推之而瞭然者
謫不足飛不翔垂不峻翼不廣故曰其為子後乎吾子
亞卿也抑少不終

若論其位則自在卿等既不利攸往則歸而為後所
固然者但吾子亞卿而是子繼之似于旦日亞卿之
位少未盡耳
昭七年傳 衛襄公夫人姜氏無子嬖人婤姶生孟縶初生孔
成子夢康叔謂己立元史朝亦夢康叔謂己夢協婤姶
生子然後生子名之曰元孟縶之足不良能行不能善行跛也孔成
子筮之曰元尚享衛國問詞遇屯震下坎上䷂又曰余尚立
縶亦問詞遇屯䷂之比坤下坎上䷇史朝曰元亨又何疑
焉元亨屯卦詞成子曰非長之謂乎以年不以名對曰康叔名之
可謂長矣此長者之命并不以名孟非人也將不列于宗不可謂
長況跛非全人不在宗長幼之列且其繇曰利建侯嗣吉何建建非嗣
也二卦皆云子其建之
此以卦詞與名合故祇斷卦詞亦一法也利建侯屯
卦詞與屯初爻之辭皆同是兩詞兩卦俱建侯矣夫
嗣有常位若拘長少則嗣之而已何庸建也建必擇

吉予其建之
弱足者居侯主社稷臨祭祀奉民人事鬼神從會朝又
焉得居各以所利不亦可乎
且屯之爻辭不又曰利居貞利建侯乎夫利有兩等
有利居者有利侯者弱足者利居以不能行也若侯
則宗廟社稷人民朝會行動之不暇而居之乎然則
易辭之兩利明有分屬一居之而一建之何不可之
有

故孔成子立靈公

（昭十二年傳）南蒯之將叛也枚筮之遇坤（坤上坤下）䷁之比（坎上坤下）䷇曰吉

南蒯南遺之子季氏費邑宰也蒯與公子慭叔仲小謀叛費以逐季氏不告以斷筮之事而但下一空筮以筮之謂之枚筮

示子服惠伯曰即欲有事何如惠伯曰吾嘗學此矣忠信之事則可不然必敗

此亦不告惠伯事而汎諮之謂若欲有所行之事何如即字古文多作若字解惠伯逆知其事故陰以折之曰亦顧其事何如耳不然則迪吉逆凶無容問者

外強内温忠也和以率貞信也故曰黃裳元吉黃中之色也裳下之飾也元善之長也中不忠不得其色下不共不得其飾事不善不得其極外内倡和為忠率事以信為共供養三德為善非此三者弗當

此皆就易義以陰斷其事即筮詞也外彊二語是合斷兩卦者坎險為外彊坤順為内温以遇與之即内外也忠信者即前所云忠信之事也故曰以下則專斷坤卦謂黃裳元吉豈黃裳而即吉乎黃為中色裳為下飾必元善而後能吉向使為中者無忠心則必失臣道安有臣象（黃色臣象）下不共則上不率下安所整飾（其後費邑亦叛蒯）況事無忠信則元善已失安能終事（極者終也）是必同事有忠者（公子慭叔仲小亦不忠）下有信者（其後蒯之臣司徒老祁慮癸以費信逆蒯）且合忠信與共為三德以統成元善則

可當非是勿當也

且夫易不可以占險將何事也且可飾乎中美能黃上美為元下美則裳參成可筮猶有闕也筮雖吉未也

此專斷比詞者且坎者險也坎雖隱伏貳卦而辭曰顯比（比五爻詞）則其險已著況外卦坎位而又變而尚以坎則其為大險有不容隱伏焉者假曰筮易不可以占險則所占何事況占有貞悔並非可以黃裳一飾謂足掩蔽了事也夫黃裳之文在中（坤五爻詞）與顯比之位

正中比五爻辭祗中美也然必推比彖之元永貞與顯比之上使中一一象詞爻詞皆本元善而後為上美否則徒飾下美而不參成以筮之則邑人不誡亦比辭將有偕在上之元與在中之忠以責其多闕失者其後叛削者亦終以羣臣不忘其君為言筮雖吉未也

附東漢永建三年立大將軍梁商女為貴人筮之亦得坤䷁之比䷇與此筮同當時解之者但曰元吉坤五爻詞正中而已比五爻詞位正中也其後進為后順帝

崩進為皇太后以無子立他妃子臨朝即冲帝也冲帝崩質帝立又臨朝及兄冀弒質帝然後迎桓帝立之而於是有兄冀擅權宦官亂政之禍令占之則坤五后也之比而變剛君也臨朝也所謂顯比者也比九五顯比王用三驅失前禽舍逆取順三驅立三帝也失前禽者無子也猶無前星也舍逆取順者信宦官殺忠良也其最可異者一推自復推易法凡一陽卦俱從剝復來以震初之剛☳而易比五一推自剝以艮上之剛☶而易比五震為長子為兄艮為門闕為閽寺見合卦說兄冀與宦官而皆與九五有參易之象因之有弒帝亂政之禍向使漢之太史知此則必唾而去之矣乃宋人無學率以先後天方圓兩圖造占變之法而不識周易占筮其神如此不可嘆與

哀九年傳宋皇瑗圍鄭師晉趙鞅卜救鄭不吉陽虎以周易筮之遇泰乾下坤上䷊之需乾下坎上䷄曰宋方吉不可與也微子啟帝乙之元子也宋鄭甥舅也祉祿也若帝乙

之元子歸妹而有吉祿我安得吉焉乃止

此在泰之五六爻辭有曰帝乙歸妹以祉元吉其義以泰之二四為互兌三五為互震震為長男兌為少女原有長兄嫁妹之象因之歸妹六五爻辭與此皆有帝乙歸妹四字而宋為微子封國即帝乙子也明曰祉吉而可以伐乎況此詞曰歸妹而宋鄭又時通婚姻則甥舅國也此亦以詞與事合而就詞斷事如此

需九五爻詞曰需于酒食貞吉酒食為祿貞吉為吉祿故以祉字釋祿字亦兼之卦言

春秋外傳

周語 晉孫談之子周適周事單襄公襄公有疾召頃公而告之曰必善晉

晉孫談者晉襄公之子惠伯談也周者談之子晉悼公之名頃公者單襄公之子悼公在周襄公服其為人知其必有晉國故囑子與晉善

成公之歸也吾聞晉之筮之也遇乾乾上乾下䷀之否乾上坤下䷋曰配而不終君三出焉一既往矣後之不知其次必此

此述晉成往日之筮以斷周之宜有國也成公晉公子黑臀舊曾奔周既以趙穿弑靈公迎歸立之筮本迎歸時事而今始斷之者上乾與下乾相配皆君也今三君忽變而為否是否德不終何以克配直出君而已然而出君終君也雖公子亦君也且出而為坤坤為國為衆出有國家何患不君今此三君者其一成公則已往事矣若後第三君則吾不得知以言其次則舍周其誰吾所為可必者此耳

及厲公之亂召周子而立之是為悼公

晉語 晉公子重耳筮返國得貞屯坎上震下䷂悔豫震上坤下䷏

司空季子曰吉是在易皆利建侯不有晉國安能建侯

屯豫兩卦詞皆有利建侯文

坎水也坤土也屯厚也豫樂也車班內外順以訓之泉

源以資之土厚而樂其實不有晉國何以當之

此合斷兩卦辭也車班內外者震為車班者列也屯列車在內豫列車在外坤順也泉源者坎也屯有互坤與正坎而豫有正坤與互坎土厚而樂其實則是同一國土而屯得其厚豫樂其實實者國之所有也主雷與車而尚水與衆故曰屯其繇曰元亨利貞勿用有攸往利建侯主震雷長也故曰元衆而順嘉也故曰亨內有震雷故曰利貞車上水下必伯小事不濟故曰

勿用有攸往一夫之行也

乃從兩卦分斷之內卦為主為雷車外卦為尚為水衆者非屯乎乃其詞如此則以震為長男元者長也衆以順而會亨者嘉之會也況震雷在內則每動而上坎水在上則每順而下豈惟利貞伯業于是興矣

若夫勿用攸往者則單震為足（說卦震為足）單男為一夫（虞氏易陽為夫）一夫之足行安能有濟今車上而衆且如水下矣此伯王之時不可失也

衆順而有武威故曰利建侯坤母也震長男也母老子彊故曰豫其繇曰利建侯行師居衆出威之謂也是二者得國之卦也

更以觀豫則坎本衆順坤亦衆順而皆有震震武威分處內外雖坤為太母震為長子亦既老彊而養于坤而出乎震遲暮得國亦復可喜況既曰建侯又曰行師則內坤外震其在居以衆順為樂而一出則威武大行卦雖有二得國則一君何疑焉

十月惠公卒十一月秦伯納公子

附 呂氏春秋孔子筮得賁䷕（下離上艮）曰不吉子貢曰何謂也曰夫白而白黑而黑賁亦安吉乎（家語亦云非正色之謂也）

山火為十二章飾色之二故名賁賁者飾也但繪山于衣繡火於裳並皆正色而獨此卦義從來以不正色為解如京房云五色不成謂之賁是也特其所云不正者則毛傳云賁黃白色也鄭玄王肅

說此卦亦皆云黃白色即揚雄太玄礥首次二曰黃不純屈于根註易賁卦山下有火黃白色也今孔子所云有黑色而無黃色即易文賁如皤如白馬白賁諸語又似祗有白色而并無黑黃二色此皆無可考辨者況筮法論色亦屬創見故附載此

漢書武帝伐匈奴筮之得大過䷛（下巽上兌）九五太卜因謂匈奴不久當破但取象辭何可久也一語（爻詞九五枯楊生華老婦得其士夫无咎无譽象曰枯楊生華何可久也老婦士夫亦可醜也）乃

遣貳師伐匈奴後巫蠱事發貳師降匈奴武帝咎卦兆反謬今以五易法筮之則此九五在本卦為兌中在大壯所來為震中（大壯上震改上兌）兌為剛鹵（說卦）而震以出之此北伐之象但大過通視合為大坎而互當重乾之末進承一坤龍戰玄黃正在此際幸乾坎二位皆居北方（坎正北乾西北）我以南向北則我南為凱彼北為敗所以能破匈奴兵乘勝追北至范夫人城者此也柰身在坎中尚未出險而兌為

口舌又為毀折非因令誤當以間敗乃詛呪事發而脫身降矣兌者脫也夫枯楊之華不入寒地身為士夫敵醜非偶乃既降單于則身已為人所得而單于又妻之以女此正匹配反常一若老婦之得士夫者其辭象之切占驗之精孰過于此而以為反謬此占者之罪卦兆焉得誣坐之

晉元帝初鎮建鄴王導使郭璞筮之遇咸䷞之井䷯璞曰東北郡縣有武名者當出鐸以著受命之符西南郡縣有陽名者其井當沸後晉陵武進人于田中得銅鐸六枚（一作五枚誤見郭璞洞林）歷陽縣中井沸經日乃止此事載晉書郭璞傳然世終莫解嘗以此詢仲氏仲氏曰此最淺近者銅鐸之出以貞咸也井之沸以悔井也咸內為艮艮東北之卦也其名武者以上兌在右武位也其出鐸者兌為金與互乾金合而乾數六故得六鐸然且互乾為天互巽為命此天命也故曰此受命之符也若夫

井則二四互兌三五互離離兌為西南郡縣而南為陽方故宜有陽名乃以下巽與互兌為金木之交上坎與互離為水火之際木間金得火而上承以水此非薪在釜下得火而水乃沸乎且四正相纏乾麗坤域非中興受命何以得此（見仲氏易）

晉渡江後宣城太守殷祐以郭璞為叅軍會有物如牛足卑類象大力而遲行到城下祐將伏取之令璞作卦遇遯䷠之蠱䷑其辭曰艮體連乾

其物壯巨（是占在晉史無解今錄仲氏易解語遯天山皆巨物故此物亦巨）山潛之畜（畫上艮為山互兌為潛）非兕非虎（坤為兕虎以坤間二陽不成故也）身與兕并（三陰為兕畫三陽三陰合并成卦）精見二午（離五月卦為建午畫三至上為大離則信午矣）法當為禽兩翼不許（離為雉巽為雞而無兩翼）遂被一創（遯四陽傷其一為畫）還其本墅（自遯之畫祇傷乾一畫而兩山如故）按卦名之是為驢鼠（乾為馬艮為鼠今遯乾一變而已失馬形是驢鼠矣）卜竟伏者以戟刺之深尺餘遂去不見郡綱紀上祠巫云廟神不悅曰此郏亭驢山君鼠也偶詣荊山暫來

過我何容觸之此事近狡獪然亦見古人筮法有如是者

唐李綱在隋仕宦不進筮之得鼎䷱曰君當為卿輔（顧）然俟易姓為如志（叶）仕不如退（叶）折足為敗（叶）蓋取倒卦之革俟革命也（鼎倒卦為革說見前）遂稱疾辭位去後仕唐果驗然則筮法有直占倒卦者亦一變也

五代石晉高祖以太原拒命廢帝遣兵圍之勢甚急命馬重績筮之遇同人䷌曰乾健而離明君德向明之象也同人者人所同也此時將必有同我者焉易曰戰乎乾乾西北也又曰相見乎離離南方也其同我者北而南乎乾九十月卦也（乾西北卦位在九十月）戰而勝其九十月之交乎是歲契丹果助晉擊敗唐軍晉遂有天下

聽齋雜記明土木之變南冢宰魏驥將集同官上監國疏會錢塘容陸時至善易請筮之得恒䷟

之解䷧驥曰帝出之不恒而承之羞（恒九三爻詞不恒其德或承之羞貞吝）固也乃變而負乘寇將復至（解六三爻詞負且乘致寇至貞吝）如之何對曰既已負帝且乘矣再三何害所慮者貞之則吝惟恐徒守反吝耳驥曰善乃易疏去次日客過驥驥曰昨筮無大凶乎曰大吉曰何謂曰夫恒為大坎而三當坎中所以陷也然而恒互為乾三以一乾而嵬然居三乾之間若無往而不為君者乃一變為解則已解矣且解之詞（彖詞）

曰利西南西南者所狩地也又曰其來復則還復也夫恒者久也日月得天而久照此恒彖詞今解之互體則正當兩坎互離之間坎月離日非日月幽而復明乎大明吾國號非返國乎祇坎有兩坎兩離而上離未全上震缺上九此似指盜國言尚有待耳後冠果再至以戰得勝而英宗卒返國復辟若先見者

春秋占筮書卷三

附圖一：足太陽〔膀胱經〕

Bladder Meridian of Foot- Taiyang (BL.)

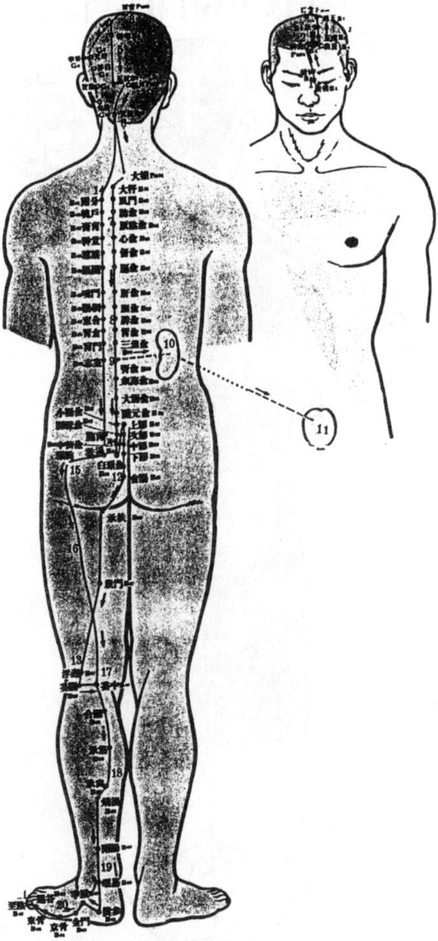

附圖二：督脈

Governor Vessel (GV.)
[Du Vessel (DU.)]

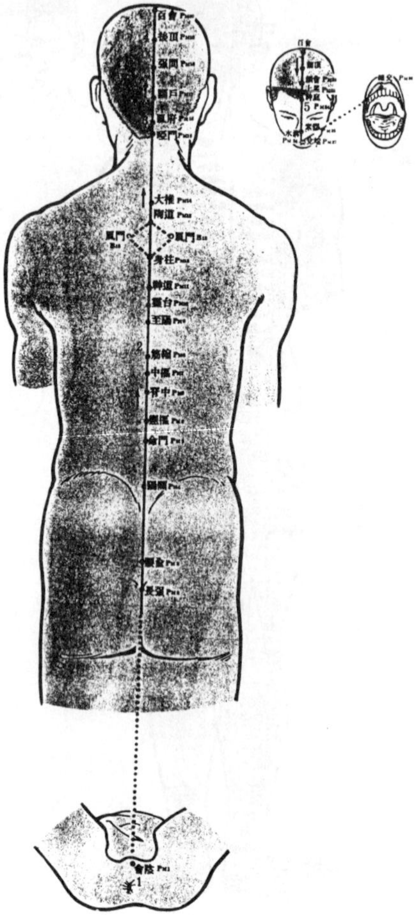

國家圖書館出版品預行編目資料

易理新研

孫劍秋著. －初版.－臺北市：臺灣學生，
民 86 [1997]　　面；　公分

ISBN 957-15-0862-4（平裝）

1. 易經 － 評論

121.17　　86016079

易理新研（全一冊）

著作者：孫劍秋
出版者：臺灣學生書局
發行人：孫善治
發行所：臺灣學生書局
臺北市和平東路一段一九八號
郵政劃撥戶：〇〇〇二四六六八號
電話：（〇二）二三六三四一五六
傳真：（〇二）二三六三六三三四
本書局登記證字號：行政院新聞局局版北市業字第捌玖壹號
印刷所：宏輝彩色印刷公司
中和市永和路三六三巷四二號
電話：二二二六八八五三

定價：平裝新臺幣二八〇元

西元一九九七年十二月初版
西元二〇〇〇年九月再版

09108

ISBN 957-15-0862-4（平裝）